PATRICIA HIGHSMITH

CRIMES PRESQUE PARFAITS

THE STUFF OF MADNESS
La nature de la folie

THE PERFECT ALIBI
Le parfait alibi

HOMEBODIES
Cadavres à domicile

(SHORT STORIES)
Nouvelles

Choix,
M

POCKET

Langues pour tous

Collection dirigée par Jean-Pierre Berman, Michel Marcheteau et Michel Savio

ANGLAIS Série bilingue

Niveaux : ❑ facile ❑❑ moyen ❑❑❑ avancé

Littérature anglaise et irlandaise

- **Carroll (Lewis)** ❑
  Alice au pays des merveilles
- **Churchill (Winston)** ❑❑
  Discours de guerre 1940-1946
- **Cleland (John)** ❑❑❑
  Fanny Hill
- **Conan Doyle** ❑
  Nouvelles (6 volumes)
- **Dickens (Charles)** ❑❑
  David Copperfield
  Un conte de Noël
- **Fleming (Ian)** ❑❑
  James Bond en embuscade
- **French (Nicci)** ❑
  Ceux qui s'en sont allés
- **Greene (Graham)** ❑❑
  Nouvelles
- **Jerome K. Jerome** ❑❑
  Trois hommes dans un bateau
- **Kinsella (Sophie), Weisberger (Lauren)**
  Love and the City ❑
- **Kipling (Rudyard)** ❑
  Le livre de la jungle (extraits)
  Deux nouvelles
- **Maugham (Somerset)** ❑
  Nouvelles brèves
  Deux nouvelles
- **McCall Smith (Alexander)**
  Contes africains ❑
- **Stevenson (Robert Louis)** ❑❑
  L'étrange cas du Dr Jekyll
  et de Mr Hyde
- **H.G. Wells** ❑❑
  Les mondes parallèles
- **Wilde (Oscar)**
  Nouvelles ❑
  Il importe d'être constant ❑

Ouvrages thématiques

- **L'humour anglo-saxon** ❑
- **300 blagues britanniques
  et américaines** ❑❑

Littérature américaine

- **Bradbury (Ray)** ❑❑
  Nouvelles
- **Chandler (Raymond)** ❑❑
  Les ennuis c'est mon problème
- **Fitzgerald (Francis Scott)** ❑❑
  Un diamant gros comme
  le Ritz ❑❑
  L'étrange histoire
  de Benjamin Button ❑❑
- **Hammett (Dashiell)** ❑❑
  Meurtres à Chinatown
- **Highsmith (Patricia)** ❑❑
  Crimes presque parfaits
- **Hitchcock (Alfred)** ❑❑
  Voulez-vous tuer avec moi ?
  À vous de tuer
- **King (Stephen)** ❑❑
  Nouvelles
- **London (Jack)** ❑❑
  Histoires du grand Nord
  Contes des mers du Sud
- **Poe (Edgar)** ❑❑❑
  Nouvelles
- **Twain (Mark)** ❑❑
  Le long du Mississippi

Anthologies

- **Nouvelles US/GB** ❑❑ (2 vol.)
- **Histoires fantastiques** ❑❑
- **Nouvelles anglaises classiques** ❑❑
- **Ghost Stories – Histoires
  de fantômes** ❑❑
- **Histoires diaboliques** ❑❑

Autres langues disponibles dans les séries de la collection
Langues pour tous

ALLEMAND · AMÉRICAIN · ARABE · CHINOIS · ESPAGNOL · FRANÇAIS · GREC · HÉBREU
ITALIEN · JAPONAIS · LATIN · NÉERLANDAIS · OCCITAN · POLONAIS · PORTUGAIS
RUSSE · TCHÈQUE · TURC · VIETNAMIEN

Sommaire

Prononciation

Elle est donnée dans la nouvelle transcription – Alphabet phonétique international modifié – adoptée par A.C. GIMSON dans la 14ᵉ édition de l'*English Pronouncing Dictionary* de Daniel JONES (Dent, London).

Sons voyelles

[ɪ] **pit**, un peu comme le *i* de *site*
[æ] **flat**, un peu comme le *a* de *patte*
[ɒ] ou [ɔ] **not**, un peu comme le *o* de *botte*
[ʊ] ou [u] **put**, un peu comme le *ou* de *coup*
[e] **lend**, un peu comme le *è* de *très*
[ʌ] **but**, entre le *a* de *patte* et le *eu* de *neuf*
[ə] jamais accentué, un peu comme le *e* de *le*

Voyelles longues

[iː] **meet**, [miːt] cf. *i* de *mie*
[ɑː] **farm**, [fɑːm] cf. *a* de *larme*
[ɔː] **board**, [bɔːd] cf. *o* de *gorge*
[uː] **cool**, [kuːl] cf. *ou* de *mou*
[ɜː] ou [əː] **firm**, [fəːm] cf *e* de *peur*

Semi-voyelle

[j] **due**, [djuː], un peu comme *diou*...

Diphtongues (voyelles doubles)

[aɪ] **my**, [maɪ], cf. *aïe !*
[ɔɪ] **boy**, cf. *oyez !*
[eɪ] **blame**, [bleɪm], cf. *eille* dans *bouteille*
[aʊ] **now**, [naʊ] cf. *aou* dans *caoutchouc*
[əʊ] ou [əu] **no**, [nəʊ], cf. *e* + *ou*
[ɪə] **here**, [hɪə], cf. *i* + *e*
[eə] **dare** [deə], cf. *é* + *e*
[ʊə] ou [uə] **tour**, [tʊə], cf. *ou* + *e*

Consonnes

[θ] **thin**, [θɪn], cf. *s* sifflé (langue entre les dents)
[ð] **that**, [ðæt], cf. *z* zézayé (langue entre les dents)
[ʃ] **she**, [ʃiː], cf. *ch* de *chute*
[ŋ] **bring**, [brɪŋ], cf. *ng* dans *ping-pong*
[ʒ] **measure**, ['meʒə], cf. le *j* de *jeu*
[h] le *h* se prononce ; il est nettement <u>expiré</u>

The stuff of modness © Patricia Highsmith 1982
The perfect alibi © Patricia Highsmith 1957
Homebodies © Patricia highsmith 1972
Ces trois nouvelles sont extraites de : *Le Jardin des disparus* © Calman-Lévy 1982.

© Pocket, Langues pour tous, 1987 pour la traduction et les notes
ISBN : 978-2-266-13273-2
© 2015 pour cette nouvelle édition

Comment utiliser la série « Bilingue » ?

Les ouvrages de la série « Bilingue » permettent aux lecteurs :

• d'avoir accès aux versions originales de textes célèbres, et d'en apprécier, dans les détails, la forme et le fond, en l'occurrence, ici, *des nouvelles* de **Patricia Highsmith** ;

• d'améliorer leur connaissance de l'anglais, en particulier dans le domaine du vocabulaire dont l'acquisition est facilitée par l'intérêt même du récit, et le fait que mots et expressions apparaissent en situation dans un contexte, ce qui aide à bien cerner leur sens.

Cette série constitue donc une véritable méthode d'auto-enseignement, dont le contenu est le suivant :

• page de gauche, le texte en anglais ;

• page de droite, la traduction française ;

• bas des pages de gauche et de droite, une série de notes explicatives (vocabulaire, grammaire, rappels historiques, etc.).

Les notes de bas de page et la liste récapitulative à la fin de l'ouvrage aident le lecteur à distinguer les mots et expressions idiomatiques d'un usage courant et qu'il lui faut mémoriser, de ce qui peut être trop exclusivement lié aux événements et à l'art de l'auteur.

Il est conseillé au lecteur de lire d'abord l'anglais, de se reporter aux notes et de ne passer qu'ensuite à la traduction ; sauf, bien entendu, s'il éprouve de trop grandes difficultés à suivre le texte dans ses détails, auquel cas il lui faut se concentrer davantage sur la traduction, pour revenir finalement au texte anglais, en s'assurant bien qu'il en a maintenant maîtrisé le sens.

Principaux signes et abréviations
utilisés dans les notes

▲	faux ami
△	attention à
≠	contraire
adj.	adjectif
compl.	complément
cond.	conditionnel
ex.	exemple
expr.	expression
fam.	familier
fig.	figuré
GB	en anglais, en Angleterre
p.p.	participe passé
pl., plur.	pluriel
prét.	prétérit
pron.	pronom
sing.	singulier
subj.	subjonctif
subs.	substantif
tr. trans.	transitif
US, USA	américain, aux Etats-Unis
v.	verbe

Après avoir enseigné l'anglais dans les lycées, Myriam SARFATI crée, en 1969, le Centre Audio-Visuel de Langues à Enghien, dans le Val-d'Oise. Elle le dirige et l'anime pendant quinze ans. Entourée d'une équipe de jeunes Anglais et Américains, elle y expérimente de nombreuses méthodes d'enseignement de l'anglais et participe à de nombreux séminaires.
Depuis 1984, elle se consacre au doublage, pour le cinéma et la télévision, de moyens et de longs métrages américains.

Patricia Highsmith

Quarante ans d'écriture, une renommée mondiale, et rien ou presque de la vie de Patricia Highsmith n'est connu du public. Dans un isolement total du côté de Fontainebleau, ou dans les Alpes suisses, à l'écart de toute vie mondaine ou littéraire, Patricia Highsmith vit entourée de chats, élève des escargots et se consacre à son œuvre. Elle n'aime pas beaucoup parler de son travail d'écrivain ; tout ce qu'elle raconte elle l'écrit, voilà tout.

Née en 1921 dans le Texas, elle fait des études à Barnard College, puis vit en Angleterre, dans le Suffolk ; ensuite dans une résidence suisse près du Lac Majeur, puis en France, et de nouveau, en 1982, en Suisse. Elle ne se rend pas volontiers dans les grandes villes, où elle se sent vulnérable, agressée ; en fait, elle ne se sent bien que dans la paix propice de son bureau bien clos, le dos tourné à la fenêtre. « Une fenêtre dans un bureau ? Pour quoi faire ? » a-t-elle déclaré dans une interview récente au journal *Télérama*. Ses lectures : Henri James, Proust, Saül Bellow ; Patricia Highsmith ne lit jamais de policiers. « Je ne suis pas un auteur de romans policiers », a-t-elle affirmé dans la même interview, « parce que ni le suspense ni le mystère ne m'intéressent. »

C'est cependant sous forme de romans policiers que l'édition et souvent le cinéma se sont approprié son œuvre.

En 1957, elle obtient le prix des « Mystery writers of America scroll » ainsi que le « Grand prix de la littérature policière » pour son livre *The talentuous Mister Ripley*.

En 1964, « Prix du meilleur roman policier de l'année » pour *The two Faces of January*.

Au cinéma, à partir de ses œuvres, Alfred Hitchcock met en scène *L'inconnu du Nord-Express*, Claude Autant Lara *Le meurtrier*, René Clément *Plein soleil*, Michel Deville *Eaux profondes*, Hans W. Geissendorfer *La cellule de verre*, Claude Miller *Dites-lui que je l'aime*, Wim Wenders *L'ami américain*, ces deux dernières œuvres n'étant pas traitées comme des films policiers. « … Mais la démarche d'un criminel occasionnel — ce que nous sommes tous en puissance — me passionne » déclare-t-elle. « En fait, un être ordinaire devient pour moi fascinant dès qu'il prend conscience de ses instincts. » L'étiquette de « romans de psychologie criminelle » qui a été donnée à ses œuvres est celle qui correspond le mieux à leur climat. Comme l'a écrit Boileau-Narcejac : « Quand les personnages d'un roman nous intéressent davantage pour ce qu'ils sont que pour ce qu'ils font, on s'éloigne du roman policier. » C'est là la frontière ténue et quasi indéfinissable qui sépare le roman du roman policier. Patricia Highsmith se tient dans cette frange étroite et n'en bouge pas.

Qui sont-ils, en fait, ces personnages qui évoluent dans un univers terne et pourtant nous entraînent dans leur quotidienneté lancinante ? Ils n'appartiennent pas à une classe sociale déterminée. S'ils sont mariés, leur mariage n'est ni heureux ni spécialement malheureux ; ils ne sont pas vraiment inintelligents, mais toujours un peu « décalés » dans leur manière de raisonner, et ce décalage crée un malaise ; l'atmosphère est lourde, à la fois dense et banale, faite de petits incidents jalonnant des journées où dominent l'attente et les longues plages d'ennui, créant ainsi artificiellement le suspense. Ces personnages présentent des traits pathologiques à des degrés divers et confondent leurs rêves et la réalité. Ce sont des états « schizophréniques » dans lesquels les personnages se leurrent eux-mêmes.

La passion elle-même intéresse peu l'auteur ; ce qui la retient, c'est l'infléchissement du comportement qu'elle provoque. Le personnage de Howard Quinn dans *The perfect Alibi* est très caractéristique à cet égard ; cet homme tout à fait ordinaire, avec un métier sans intérêt, sans amis, sans vie sociale, élabore un crime et devient le jouet d'une tragédie qui le dépasse ; les événements, les autres personnages décident alors pour lui ; il se contente d'exécuter un projet sans « éclat », devient le jouet d'un fait divers, et subit à cette occasion une grave blessure narcissique.

On a parlé de Patricia Highsmith comme d'une « sorcière du suspense »... Oui, mais d'un suspense d'une nature particulière : la peur de ce qui va immanquablement arriver, d'un dénouement inévitable et qui ne peut être bon ; peur aussi et surtout de soi-même. Ce que Patricia Highsmith, en fait, décrit merveilleusement, qui suinte de chaque décor et de chaque personnage, c'est l'angoisse.

CHRONOLOGIE

1921 : naissance à Forth Worth (Texas). Études à Barnard College (Université de Columbia).

1942 : B.A. de l'Université de Columbia.

1949 : *Strangers on a Train.*

1954 : *The Blunderer.*

1955 : *The Talented Mr Ripley.*

1957 : *Deep Water.*
Deux prix : aux États-Unis pour *The Talented Mr Ripley,* par Mystery Writers of America Scroll ; en France, Grand prix de la littérature policière.

1958 : *A Game for the Living.*

1960 : *This sweet Sickness.*

1962 : *The Cry of the Owl.*

1964 : *The two Faces of January.*
Prix : Crime Writers Association of England Award pour le meilleur roman policier étranger de l'année. *The Glass Cell.*

1965 : *The Story Teller.*
A Suspension of Mercy.
On suspense and writing it.

1966 : *Those who walk away.*
Plotting and writing Suspense Fiction.

1969 : *The Tremor of Forgery.*

1970 : *The Snail Watcher and Other Stories.*
Eleven Short Stories.
Ripley under ground.

1972 : *A Dog's Ransom.*

1974 : *Ripley's Game.*

1975 : *The Animal Lover's Book of beastly Murder.*
The Price of Salt (sous le pseudonyme de Claire Morgan).

1977 : *Edith's Diary.*
Little Tales of Misogyny.

1979 : *L'Épouvantail* (recueil composé de dix nouvelles). Trad. Alain Delahaye, 1979.
— L'épouvantail *(Slowly, slowly in the Wind).*
— Légitime défense *(Something you have to live with).*
— Un curieux suicide *(Who lives, who dies ?).*
— Ces affreux petits matins *(Those Awful Dawns).*
— Le réseau *(The Network).*
— La cravate de Woodrow Wilson *(Woodrow Wilson's Neck-Tie).*
— Un passager pour les îles *(One for the Islands).*
— La petite cuiller *(The Baby Spoon).*
— La mare *(The Pond).*
— Ne tirez pas sur les arbres *(Please don't shoot the Trees).*

1980 : *The Boy who followed Ripley.*

1981 : *La Proie du chat* (recueil composé de dix nouvelles). Paru en France en 1981.
— La proie du chat *(Something the Cat dragged in).* Trad. Alain Delahaye.
— Le rejeté *(Not one of us).* Trad. Alain Delahaye.

— Pour le restant de leurs jours *(Old Folks at Home)*. Trad. Sylvie Durastanti.

— Entre les deux *(Blow it)*. Trad. Sylvie Durastanti.

— Sincères Condoléances *(Under a Dark Angel's Eye)*. Trad. Sylvie Durastanti.

— La créature sans nom *(Not in this Life, maybe the Next)*. Trad. Sylvie Durastanti.

— Un don venu d'ailleurs *(The Terrors of Basket-Weaving)*. Trad. Sylvie Durastanti.

— Aventure pour aventure *(The Adventuress)*. Trad. Sylvie Durastanti.

— La nuit du mépris *(I despise your Life)*. Trad. Georges Fradier.

— Verre brisé porte malheur *(Broken Glass)*. Trad. Georges Fradier.

1982 : *Le Jardin des disparus* (recueil composé de neuf nouvelles). 1982. Trad. Marie-France Girod (huit nouvelles) et Marie-France de Paloméra *(Homebodies)*.

— Le jardin des disparus *(The Stuff of Madness)*.

— Le cerf-volant *(The Kite)*.

— Un meurtre *(A Murder)*.

— La maison noire *(The Black House)*.

— Un alibi parfait *(The Perfect Alibi)*.

— Une logique folle *(Who is Crazy)*.

— Le portrait de sa mère *(A Girl like Phyl)*.

— La dernière fête de Chris *(Chris Last Party)*.

— Époux en froid *(Homebodies)*.

1984 : *Les Sirènes du golf* (recueil composé de dix nouvelles). 1984.

— Les sirènes du golf *(Mermaids on the Golf Course)*. Trad. Emmanuèle de Lesseps.

— Le prix de l'idiot *(The Button)*. Trad. Emmanuèle de Lesseps.

— La romantique *(The Romantic)*. Trad. Marie-France de Paloméra.

— L'homme qui écrivait des livres dans sa tête *(The Man who wrote Books in his Head)*. Trad. Alain Delahaye.

— Le complexe de Ralph *(I'm not Efficient as Other People)*. Trad. Emmanuèle de Lesseps.

— L'amateur de frissons *(The Thrill Seeker)*. Trad. Emmanuèle de Lesseps.

Le 4 février 1995, mort de Patricia Highsmith
à Locarno, Suisse.

The stuff* of madness

La nature de la folie

* **stuff** : au sens propre et figuré, *étoffe, matériau, substance, tissu.*
He is of a different stuff, *il est d'une autre étoffe* ; **the right stuff,** *la
bonne « pâte »* (celle des héros) ; (fam.) *chose, « camelote » :* **this
whisky is good stuff,** *ce whisky est de la bonne camelote* ; également
to stuff : *bourrer, farcir ; empailler, naturaliser ;* **stuffed animals,**
animaux naturalisés.

When Christopher Waggoner, just out of law school, had married Penelope, he had known [1] of her fondness [2] for pets, and her family's fondness too. That was normal, to love a cat or dog that was part of the household [3]. Christopher had not even thought much about the stuffed little Pixie, a white Pomeranian with shiny black artificial eyes, which stood in a corner of her father's study on a wooden base with her dates of birth and death, nor of the fluffy orange and white cat called Marmy, also preserved [4], which sat on the floor in another corner. A live [5] cat and dog had lived in the Marshall's house during his courting days, Christopher recalled [6], but long ago they had fallen into the taxidermist's hands, and now stood and sat respectively on an outcrop of rock in his and Penny's Suffolk garden. These were not the only animals that peopled, if the word could be used, the garden at Willow Close.

There was Smelty, a feisty [7] little black Scotch terrier with one foot raised [8] and an aggressive muzzle extended with bared [9] teeth, and Jeff the Irish sheep dog, whose coat stood [10] up the best against the elements. Some relics had been in the garden for twenty and more years. An Abyssinian cat called Riba, a name Penny had derived from some mystic experiment, stared with greenish-yellow eyes from a tree branch, crouched [11] as if to pounce [12] on anyone walking in the path below.

---

1. **he had known** : plus que parfait. had + p.p. To know, I knew, known, *savoir, connaître.* To know of, *être au courant de, avoir entendu parler.*

2. **fondness** : to be fond of animals, *aimer les animaux,* fondness for, *amour de...*

3. **household** : ce mot a le sens de *maisonnée,* tous les personnages qui font partie d'une maison.

4. **preserved** : *conservé ;* preserved food, *conserves ;* preserve, *confiture.*

5. **live** : (adj.) : *vivant, en vie.* A live fish, *un poisson vivant ;* alive, qui a le même sens, ne s'emploie que comme attribut. Ex. : is he alive or dead ? *est-il vivant ou mort ?* △ prononc. : adj. **live** [laiv] et verbe **to live** [liv].

Quand Christopher Waggoner, frais émoulu de la Faculté de droit, avait épousé Pénélope, il connaissait sa passion des animaux domestiques, qu'elle tenait d'ailleurs de sa famille. C'était tout naturel d'aimer un chat ou un chien qui faisait partie de la maison. Christopher n'avait même pas prêté grande attention au corps empaillé de la petite Pixie, un loulou de Poméranie blanc aux yeux de verre noirs et brillants, qui trônait dans un coin du bureau du père de Penny sur un socle de bois portant la date de sa naissance et celle de sa mort, ni au chat au poil ébouriffé blanc et roux nommé Marmy, naturalisé lui aussi, qui se tenait sur le sol dans un autre coin de la pièce. Pendant la période où il la courtisait, un vrai chat et un vrai chien vivaient dans la maison des Marshall, Christopher s'en souvenait, mais depuis bien longtemps, ils étaient tombés entre les mains du taxidermiste et maintenant ils se tenaient respectivement l'un debout, l'autre assis sur un affleurement rocheux dans leur jardin, dans le Suffolk. Ce n'étaient pas les seuls animaux qui peuplaient, si on pouvait user de ce terme, le jardin de Willow Close.

Il y avait Smelty, un petit scotch-terrier noir à l'air fier, une patte en l'air, le museau belliqueux et montrant les dents et Jeff le berger irlandais dont le poil résistait le mieux aux intempéries. Certaines de ces reliques étaient dans le jardin depuis vingt ans et plus. Un chat abyssin appelé Riba, nom que Penny avait donné en souvenir de quelque expérience mystique, vous regardait fixement de ses yeux mordorés, du haut d'une branche d'arbre, posté là comme pour bondir sur quiconque s'avancerait dans l'allée au-dessous.

---

6. **recalled** : to recall sth, *se rappeler qqch ;* syn. :to remember sth ; to remind sbd of sth, *rappeler qqch à qqn.*
7. **feisty** : *fier* (avec une nuance d'agressivité).
8. **raised** : to raise (rég.), *dresser, mettre debout.* To raise a flag, *planter un drapeau ;* ▲ to rise, I rose, risen : *se lever.* The sun rises at 6 o'clock.
9. **bared** : bare, *nu, dénudé.* To bare, *mettre à nu, découvrir ;* with bared teeth, « *les dents découvertes ».*
10. **stood up** : to stand, stood, stood, *se tenir debout.* To stand up, *se mettre debout, se lever ;* to stand up against the enemy, *résister à l'ennemi.*
11. **crouched** : *accroupi* (en état d'attente).
12. **to pounce** : *bondir brusquement* (sur une proie).

Christopher had seen guests catch a glimpse[1] of the cat and recoil in alarm[2].

All in all, there were seventeen or eighteen preserved cats and dogs and one rabbit, Petekin, placed about[3] the garden. The Waggoners' two children, Philip and Marjorie, long grown up[4] and married, smiled indulgently at the garden, but Christopher could remember when they winced, when Marjorie didn't want her boyfriends to see[5] the garden and there'd been fewer[6] dead pets then, and when Philip at twelve had tried to burn Pixie on a bonfire, and had been caught by Penny and given the severest scolding[7] of his life.

Now a crisis had come up, attentively listened to[8] by their present dog and cat, Jupiter, an old red setter, and Flora, a docile black cat with white feet. These two were not used to[9] a tense atmosphere in the calm of Willow Close. Little[10] did they understand, Christopher thought, that he was taking a step[11] to protect them from an eternal life after death in the form of being stuffed and made to stand outdoors in all weathers. Wouldn't any animal, if it were[12] capable of choosing, prefer to be a few feet under the ground, dissolving like all flesh, when his time had come? Christopher had used this argument several times to no avail[13].

---

1. **a glimpse :** *vision rapide.* Glimpse of a subject, *aperçu sur un sujet.* To catch a glimpse of sth, *apercevoir qqch.*

2. **alarm :** *alarme, alerte, peur.*

3. **about (the garden) :** ici, *çà et là dans le jardin, un peu partout.*

4. **long grown up :** dans cette expression long est un adverbe : *depuis longtemps ; to grow, I grew, grown, pousser.* To grow up, *grandir ;* grown-ups, *les adultes.*

5. **didn't want her boyfriends to see :** proposition infinitive, d'un emploi très courant. NB : le sujet a la forme d'un complément. **She wants me to answer the telephone. I'd like them to be quiet.**

6. **fewer :** comparatif de few *(peu de).*

7. **scolding :** *réprimande, gronderie.* To give someone a good scolding, *tancer, morigéner qqn.*

8. **listened to :** Δ la forme passive ne dispense pas de

Christopher avait surpris des visiteurs qui reculaient de frayeur à la vue du chat.

L'un dans l'autre, il y avait dix-sept ou dix-huit chiens ou chats empaillés disséminés dans le jardin et un lapin, Petekin. Les deux enfants des Waggoner, Philip et Marjorie, adultes et mariés depuis longtemps, souriaient avec indulgence en regardant le jardin, mais Christopher se souvenait encore de leur expression crispée, il se souvenait du temps où Marjorie ne voulait pas que ses petits amis voient le jardin ; et pourtant il y avait beaucoup moins d'animaux empaillés à l'époque. Il se souvenait du jour où, à l'âge de douze ans, Philip avait essayé de brûler Pixie dans un feu de joie, et où, surpris par Penny, il avait reçu la plus dure semonce de sa vie.

Maintenant une crise avait éclaté ; elle avait comme auditoire attentif leur chien et leur chat actuels, Jupiter, un vieux setter rouge, et Flora, une douce chatte noire aux pattes blanches. Ces deux-là n'étaient pas habitués à une atmosphère tendue dans la sérénité de Willow Close. Et ils ne se doutaient pas, pensa Christopher, qu'il essayait de prendre des mesures pour les protéger d'une vie éternelle après la mort, sous la forme d'un animal empaillé et destiné à rester dehors quel que soit le temps. Est-ce que n'importe quel animal, s'il en avait le choix, ne préférerait pas le temps venu, être à quelques pieds sous terre, à se décomposer comme toute chair ? Christopher avait avancé cet argument plusieurs fois sans résultat.

---

mettre la postposition ; **the lecture was listened to by the students.**
9. **used to :** *habitué à* ; **I'm used to working late in the evening** (△ la construction to + gérondif).
10. **little :** mis en tête de phrase a une valeur emphatique ; l'inversion du verbe est obligatoire après cette tournure ; **hardly could he walk,** *à peine arrivait-il à marcher.*
11. **a step :** *une marche, un pas en avant* ; **to take a step,** *faire une démarche, prendre des mesures.*
12. **if it were :** après if, on emploie le subjonctif. En anglais il ne diffère pas du passé dans sa forme, sauf pour le verbe **to be** (ici) ; ex. : **if I had money, if I bought a car.**
13. **avail :** *avantage, utilité* ; **that will be of little avail,** *cela ne servira pas à grand-chose.* **To work to no avail,** *travailler sans résultat.*

The present altercation, however, was over the possible visit of some journalists who would photograph the stuffed animals and write up [1] Penelope's lifelong hobby.

"My old darlings in the newspaper," Penny said in a beseeching way. "I think it's a lovely tribute to them, Christopher, and the *Times* might reprint some of it with one photograph from the Ipswich paper [2] anyway. And what's the harm in it ?"

"The harm," Christopher began calmly but trying to make every word tell [3], "is that it's an invasion of privacy for me and for you too. I'm a respected solicitor [4] — still going up to London once or twice a week. I don't want my private address [5] to be bruited about [6]. My clients and colleagues for the most part know my London whereabouts [6], only. Would you like the telephone ringing [7] here twenty times a day ?"

"Oh, Christopher ! Anyone who wants your home address can get it, and you know that."

Christopher was standing in the brick-floored [8] kitchen with some typewritten pages of a brief [9] in his hand, wearing house-slippers, comfortable trousers and a coat sweater [10]. He had come in from his study, because he had thought the last telephone call, which Penny had made a few moments ago, might have been [11] to give the green light to the journalists.

---

1. **write up :** to write up, *écrire un résumé, une vue d'ensemble.*
2. **paper :** courant au lieu de **newspaper.**
3. **trying to make every word tell :** dans cette phrase, to tell a plutôt le sens de *porter, avoir de l'importance, produire son effet.* **The remark told,** *la remarque porta.*
4. **solicitor :** ce terme a, ici, la même acception qu'en GB : *notaire, avoué ;* mais aux USA, il peut aussi vouloir dire *démarcheur, représentant* (de to solicit, *chercher à obtenir ;* ex. : **we are constantly solicited,** *nous sommes constamment sollicités*).
5. **address :** accent tonique sur la 1re syllabe aux USA, sur la 2e en GB.
6. **to be bruited about :** about (ici), *en tous sens, çà et là ;* Δ **whereabouts :** (ici subst.) *lieu où se trouve qqn ;*

En fait l'altercation actuelle avait pour sujet l'éventuelle visite de quelques journalistes qui voulaient photographier les animaux empaillés et faire un article sur ce hobby de toute une vie.

« Mes petits chéris dans les journaux, dit Penny d'une voix suppliante. Je crois que c'est un délicieux hommage à leur rendre, Christopher, et il se peut que le *Times* en reproduise une partie avec une photo, que leur communiquerait le journal d'Ipswich. Quel mal y a-t-il à cela ?

— Le mal, » commença Christopher calmement mais en appuyant sur chaque mot, vient du fait que c'est une intrusion dans notre vie privée, la mienne et la tienne. Je suis un avoué respecté. Je continue à aller à Londres une ou deux fois par semaine. Je ne veux pas que mon adresse personnelle soit divulguée partout. Mes clients et mes collègues, pour la plupart ne connaissent que mes coordonnées londoniennes. Est-ce que tu veux que le téléphone sonne ici vingt fois par jour ?

— Oh ! Christopher ! tous ceux qui veulent avoir ton adresse personnelle peuvent l'obtenir facilement et tu le sais parfaitement. »

Christopher se tenait debout sur le carrelage de briques de la cuisine, quelques feuillets dactylographiés sortis d'un dossier à la main, en pantoufles, pantalon confortable et sweater. Il était venu de son bureau parce qu'il avait cru que le dernier coup de téléphone de Penny quelques instants plus tôt, pouvait avoir eu pour but de donner le feu vert aux journalistes.

---

nobody knows his whereabouts, *personne ne sait où il demeure.*
7. **would you like the telephone ringing ?** : on aurait pu avoir « to ring » s'il s'agissait d'un coup de téléphone isolé. « Ringing » indique que l'action dure ou se répète.
8. **brick-floored** : (adj. composé) *au sol de briques.*
9. **a brief** : (US) terme juridique désignant un résumé des conclusions présentées au tribunal avant l'audience, ici *dossier* (d'une procédure).
10. **a coat sweater** : pour être plus précis, il s'agit ici d'un *gilet* long en tricot.
11. **might have been** : may marque l'incertitude : *il se peut que* ; ex. : he may be right, *il se peut qu'il ait raison* ; he may have been right, *il se peut qu'il ait eu raison* ; he might have been right, *il se pouvait qu'il ait eu raison.*

But Penny told him she had been ringing[1] her hairdresser in Ipswich for an appointment on Wednesday.

Christopher tried again. "Two days ago, you seemed to see my point of view. Quite frankly, I don't want my London associates to think I dwell in a place so — so whimsical[2]." He had sought[3] for a word, abandoned the word 'macabre', but maybe macabre would have been better. "You see the garden a bit differently, dear. For most people, including me sometimes, it's a trifle[4] depressing."

He saw he had hurt her. But he felt he had to take a stand[5] now before it was too late. "I know you love all those memories[6] in the garden, Penny, but to be honest Philip and Marjorie find our old pets a bit spooky[7]. And Marjorie's two children, they giggle[8] now, but —"

"You're saying it's only *my* pleasure."

He took a breath. "All I'm saying is that I don't want the garden publicized[9]. If you think of Pixie and old Marmy," Christopher continued with a smile, "seeing themselves as they look now, in a newspaper, they might not like it either[10]. It's an invasion of their privacy too."

Penny tugged[11] her jumper down nervously over the top of her slacks[12]. "I've already agreed to the journalists — just two, I think, the writer and the photographer — and they're coming Thursday morning."

---

1. **she had been ringing** : plus-que-parfait de to ring, rang, rung. La forme progressive ajoute la notion de répétition.
2. **whimsical** : whim, *caprice, lubie ;* whimsical : (d'une personne) *capricieuse,* (d'une chose) *étrange.*
3. **sought** : to search, I sought, sought, *chercher.*
4. **a trifle** : *une chose sans importance, une vétille ;* ici adv. : *un tout petit peu.* This dress is a bit short, « *un peu courte* ». This dress a trifle short, *légèrement courte, un tout petit peu.*
5. **a stand** : *une position stable.* To take a firm stand, *se camper solidement sur ses jambes.*
6. **memories** : ▲ au pl. : *souvenirs ;* sing. : *mémoire.*
7. **spooky** : évoque l'idée de *spectre,* de *revenant.* A

20

Mais Penny lui dit qu'elle avait téléphoné à son coiffeur à Ipswich pour prendre un rendez-vous mercredi.

Christopher fit une nouvelle tentative :

« Il y a deux jours, tu semblais comprendre mon point de vue. Tout à fait honnêtement je ne veux pas que mes associés de Londres pensent que j'habite dans un endroit aussi... aussi incongru. » Il avait cherché le mot approprié... et avait renoncé au mot « macabre », mais après tout, macabre aurait été plus juste. « Tu as une vision du jardin qui est un peu différente, chérie. Pour la plupart des gens, dont je fais parfois partie, c'est un endroit un peu déprimant ».

Il vit qu'il l'avait blessée. Mais il sentait aussi qu'il fallait qu'il prenne position avant qu'il ne soit trop tard.

« Je sais que tu aimes tous ces souvenirs dans le jardin, Penny, mais pour être honnête, Philip et Marjorie trouvent nos chers amis un peu fantomatiques. Et quant aux deux enfants de Marjorie, maintenant ils en rient, mais...

— Autrement dit, c'est pour mon seul plaisir. »

Il prit son souffle.

« Tout ce que je veux dire, c'est que je ne veux pas de publicité autour de ce jardin. Et si c'est à Pixie et à ce vieux Marmie que tu penses, continua Christopher avec un sourire, s'ils se voyaient dans les journaux sous leur aspect actuel, ils pourraient bien ne pas apprécier non plus. C'est aussi une intrusion dans leur vie privée. »

Penny tira nerveusement son pull-over sur son pantalon.

« J'ai déjà donné mon accord aux journalistes, il n'y en aura que deux, je pense, le reporter et le photographe, et ils viennent jeudi matin. »

---

spooky house, *une maison hantée.*
8. **to giggle :** (se dit généralement des filles, des petits enfants) *rire bêtement en se trémoussant.*
9. **I don't want the garden publicized :** sous-entendu to be (publicized). Proposition infinitive. Ex. : **she wants John to write a letter** ou à la forme passive comme ici : **she wants a letter to be written.**
10. **either :** (en fin de phrase) *non plus* (avec un verbe à la forme négative). **You don't like her, I don't either.**
11. **to tug :** *tirer vigoureusement.*
12. **slacks :** *pantalons sport, décontractés* (a désigné les premiers pantalons de femmes, signe de libération) ; **to slacken,** *ralentir, se ramollir.* Adj. **slack :** *relâché.*

Oh, my God, Christopher thought. He looked at his wife's round, innocent blue eyes. She really didn't understand. Since she had no occupation [1], her collection of taxidermy had become her chief interest, apart from knitting, at which she was quite skilled [2] and in which she gave lessons at the Women's Institute. The journalists' arrival meant [3] a show of her own achievement [4], in a way, not that [5] she did any taxidermy herself, the expert they engaged was in London. Christopher felt angry and speechless [6]. How could he turn the journalists off [7] without appearing to be at odds [8] with his wife, or without both of them (if Penny acquiesced to him) seeming fullblown cranks [9] to hold their defunct pets so sacred, they wouldn't allow photographs of them ?

"It's going to damage my career — most gravely."

"But your career is made, dear. You're not struggling [10]. And you're in semi-retirement anyway, you often say that." Her high, clear voice pleaded pitiably, like that of a little girl wanting something.

"I'm only sixty-one." Christopher pulled his abdomen in. "Hawkins's doing the same thing I am [11], commuting [12] from Kent at sixty-nine."

Christopher returned to his study, his favourite room and his bedroom for the last couple of years [13], as he preferred it to the upstairs bedroom and the spare room [14].

---

1. **occupation** : ▲ métier, profession.

2. **skilled** : exercé, expérimenté (il s'agit toujours de technique manuelle) ; ex. : a **skilled workman**, un ouvrier spécialisé.

3. **meant** : to mean, I meant, meant, ici signifier.

4. **achievement** : ▲ exploit, réussite. A show of her own achievement : « la représentation de sa réussite ».

5. **not that** : sens restrictif, ce n'est pas que, non que ; not that I fear him : non que je le craigne...

6. **speechless** : le suffixe **less** signifie sans et sert à former des mots comme **helpless**, sans aide, désemparé ; **hopeless**, sans espoir, désespéré ; **speechless**, sans parole, muet.

7. **off** : à distance. To go off, to be off, s'en aller, partir. Be off, allez-vous-en / To turn... off, renvoyer, congédier.

Seigneur, pensa Christopher. Il regarda les yeux de sa femme, des yeux tout ronds, bleus et innocents. Elle ne comprenait vraiment pas. Comme elle ne travaillait pas, sa collection d'animaux empaillés était devenue son principal centre d'intérêt, mis à part le tricot, où elle avait une certaine expérience et qu'elle enseignait à l'Institut des Femmes. L'arrivée des journalistes représentait pour elle, d'une certaine façon, une consécration, bien qu'elle ne fût pas elle-même taxidermiste, car ils confiaient les animaux à un spécialiste de Londres. Christopher était furieux et ne disait mot. Comment pouvait-il se débarrasser des journalistes sans paraître en mauvais termes avec sa femme ou sans que le couple (au cas où Penny l'approuverait) ne fasse figure de grands maniaques au point de considérer leurs défunts compagnons comme sacrés au point d'interdire toute photographie ?

« Tout ceci va porter atteinte à ma carrière de façon grave. »

— Mais ta carrière est assurée, mon chéri. Tu n'as pas à faire tes preuves. De toute façon, tu dis souvent que tu es en semi-retraite. »

Sa voix claire, haut perchée suppliait pitoyablement, comme celle d'une petite fille qui quémandait.

— Je n'ai que soixante et un ans. (Christopher rentra le ventre.) Hawkins en fait autant que moi et, à soixante-neuf ans, il commence une carrière à Londres. »

Christopher retourna à son bureau, sa pièce favorite, et qui lui servait de chambre à coucher depuis deux ans, car il la préférait à la chambre du haut et à la chambre d'amis.

---

8. **at odds** : to be at odds with **someone**, *être brouillé avec qqn.*

9. **fullblown cranks** : a crank, *excentrique, original.* **Full blown** : se dit pour des fleurs grandes ouvertes, épanouies ; (ici) *accompli, au maximum.*

10. **struggling** : to struggle, *se battre.* Cf. **struggle for life.**

11. **the same thing I am** : sous-entendu **doing.**

12. **commuting** : (ici) to commute, *permuter.* (US) a com-muter, *un banlieusard* qui se rend à son lieu de travail régulièrement par le même train.

13. **a couple of years = two years** ; tournure de plus en plus courante en anglais moderne.

14. **spare room** : to spare, *avoir en plus* ; cf. **spare parts,** *pièces détachées.*

23

He was aware that tears had come to his eyes, but he told himself that they were tears of frustration and rage. He loved the house, an old two-storey manse[1] of red brick, the corners of its overhanging roof[2] softened by Virginia creeper. They had an interesting catalpa[3] in the back garden — on one of whose limbs[4] unfortunately Riba the Abyssinian cat sat glowering — and a lovely design of well-worn[5] paths whose every inch Christopher knew, along which he had strolled countless times, working out[6] legal problems or relaxing from work by paying close attention to a rosebush or a hydrangea. He had acquired the habit of not noticing the macabre — yes, macabre — exteriors of pets he and Penny had known and loved in the past. Now all this was to be invaded, exposed to the public to wonder at[7], very likely to chuckle[8] at too. In fact, had Penny a clue[9] as to[10] how the journalists intended to treat the article, which was probably going to be one of their full-page spreads[11], since[12] the stuffed animals were in their way so photogenic ?

Who had put the idea into the heads of the *Chronicle* journalists ?

One source of his anguish, Christopher knew, was that he hadn't put his foot down long ago[13], before Penny had turned the garden into[14] a necropolis. Penny had always been a good wife, in the best sense of that term.

---

1. **an old two-storey-manse :** (US) *maison à un étage ;* en GB, il s'agirait d'une *maison à deux étages.*
2. **overhanging roof :** *toit* qui dépasse largement la taille de la maison, « *pendant au-dessus* ».
3. **catalpa :** arbre ornemental à fleur blanche.
4. **limbs :** *membres* (personnes-animaux) ; *branches.*
5. **well-worn :** se dit d'un vêtement, d'un objet qui a beaucoup servi (de to wear, I wore, worn).
6. **working out :** to work, *travailler ;* to work out, *travailler pour arriver à un résultat, trouver des solutions.*
7. **to wonder :** 1) *se demander...* 2) *to wonder at :* s'étonner, s'émerveiller à la vue de.
8. **to chuckle :** *rire sous cape* (at, over something : *de qqch*).
9. **had Penny a clue** = if Penny had a clue ; a clue se

Il se rendait compte qu'il avait les larmes aux yeux, mais il se disait que c'étaient des larmes de frustration et de rage. Il aimait cette maison, un ancien presbytère de brique rouge à un étage, dont le toit, aux coins, était adouci par de la vigne vierge. Ils avaient dans le jardin de derrière un catalpa original dont malheureusement Riba, le chat abyssin, le regard farouche, occupait une des branches. Ils avaient aussi un harmonieux réseau d'allées bien dessinées dont Christopher connaissait chaque mètre, ces allées qu'il avait arpentées un nombre incalculable de fois, essayant de résoudre des problèmes légaux ou, se reposant de son travail en accordant une attention soutenue à un buisson de roses ou à un hydrangea. Il avait pris l'habitude de s'abstraire de l'apparence macabre — oui, macabre —, des animaux que Penny et lui avaient connus et aimés autrefois. Maintenant tout cela allait être envahi, exposé à la curiosité du public, voire même à sa moquerie. Mais en fait, est-ce que Penny avait la moindre idée de la façon dont les journalistes avaient l'intention de rédiger leur article, qui serait probablement en pleine page, puisque les animaux empaillés étaient, à leur façon, si photogéniques ?

Qui avait bien pu mettre cette idée dans la tête des journalistes du *Chronicle* ?

Une de ses sources d'angoisse, Christopher le savait, venait du fait qu'il n'avait pas fait preuve d'autorité au départ, bien avant que Penny n'ait transformé le jardin en nécropole. Penny avait toujours été une bonne épouse, au meilleur sens du terme.

---

traduit souvent par *idée* dans le sens d'*indice*. **I haven't a clue how to make up this kit**, *je n'ai aucune idée sur la façon d'assembler ce kit*.

10. **as to** : *quant à*.

11. **full page spreads** : le substantif **spread** vient du verbe **to spread, I spread, spread**, *étendre* ou *s'étendre* ; terme courant dans le journalisme : **double-page spread**, *annonce sur deux pages* ; (ici) *une page entière*.

12. **since** : cette conjonction a deux sens bien différents : 1) *depuis* ; 2) *puisque, du fait que* (sens qu'elle a ici).

13. **he hadn't put his foot down long ago** : expression imagée, cf. en France *mettre le poing sur la table* ; **long ago**, *il y a longtemps* (c'est-à-dire au moment où il aurait dû le faire, au début).

14. **to turn into** : *changer en*.

She'd been a good mother to their children, she'd done nothing wrong [1], and she'd been quite [2] pretty in her youth, and still took care of her appearance. It was he who had done something wrong, he had to admit. He didn't care to dwell [3] on that period, which had been when Penny had been pregnant with Marjorie. Well, he had given Louise up [4], hadn't he ? And Louise would have been with him now, if he had parted [5] from Penny. How different his life would have been, how infinitely happier ! Christopher imagined a more interesting, more richly fulfilled life, though he'd have gone on with [6] his law career, of course. Louise had passion and imagination. She had been a graduate student of child psychiatry when Christopher met her. Now she had a high position [7] in an institution for children in America, Christopher had read in a magazine, and years before that he had seen in a newspaper that she had married an American doctor.

Christopher suddenly saw Louise distinctly as she had looked when they'd had their first rendezvous [8] at the Gare du Nord, she having been at the station to meet [9] him, because she'd got to [10] Paris a few hours before.

He remembered her young, happy eyes of paler blue than Penny's [11], her soft, smiling lips, her voice, the round hat she wore with a beige crown and a black fur rim.

---

1. **wrong** : adj. : *mal* (au sens moral du terme). To say things that are untrue is wrong, *c'est mal de mentir ;* it's wrong of you to do that, *c'est mal à vous de faire cela.* He's not guilty, he's done nothing wrong, *il n'est pas coupable, il n'a rien fait de mal.*
2. **quite** : selon le contexte, peut renforcer le mot qu'il modifie ou l'atténuer (ce qui est le cas ici). Ex. : this book is quite good, *ce livre est pas mal, sans plus.* This book is quite finished, *ce livre est entièrement terminé.*
3. **to dwell** : *habiter* (a dwelling, *une habitation*), *demeurer, se fixer sur qqch ;* (pensée) *rester fixé sur ;* (discours) *insister sur.*
4. **he had given Louise up** : to give up, *abandonner.*
5. **parted** : to part, *séparer* (en deux) ; to part from, *se séparer de.*

Elle avait toujours été une bonne mère pour ses enfants, elle n'avait jamais rien fait de mal ; elle était assez jolie quand elle était jeune, et encore maintenant elle était toujours soignée. C'était lui, il devait l'admettre, qui n'avait pas toujours été parfait. Il n'aimait pas beaucoup s'appesantir sur cette période de sa vie ; c'était au moment où Penny était enceinte de Marjorie. Après tout, il avait quitté Louise, n'est-ce pas ? Et maintenant c'est Louise qui aurait pu vivre avec lui, s'il s'était séparé de Penny. Combien sa vie eût été différente, combien plus heureuse, infiniment plus heureuse. Christopher se mit à rêver à une vie plus intéressante, plus riche et mieux remplie, bien qu'il eût continué sa carrière de juriste, évidemment. Louise était passionnée, pleine d'imagination. Elle était étudiante en psychiatrie infantile quand Christopher avait fait sa connaissance. Maintenant, Christopher l'avait lu dans un magazine, elle avait un poste important dans une institution pour enfants aux Etats-Unis ; et quelques années auparavant, il avait vu dans un journal qu'elle avait épousé un médecin américain.

Brusquement Christopher eut une vision de Louise, telle qu'elle était le jour de leur premier rendez-vous à la gare du Nord, où elle l'avait attendu car elle était arrivée à Paris quelques heures plus tôt.

Il se rappelait son regard juvénile, heureux, ses yeux d'un bleu plus pâle que ceux de Penny, ses lèvres tendres et souriantes, sa voix, le chapeau rond qu'elle portait, un chapeau à calotte beige et à rebord de fourrure noire.

---

6. **though he'd have gone on with** : (= he would have... *il aurait...*) ; NB : to go on with sth, *continuer qqch ;* go on ! *vas-y / continue /*
7. **position** : ▲ *situation.* In a high position, *haut placé ;* to **work oneself into a high position,** *se faire une belle situation.*
8. **rendezvous** : ce mot français a généralement le sens de *rendez-vous* dans une aventure sentimentale ou galante. Un rendez-vous (affaires) : **an appointment** ; entre jeunes gens, **a date.**
9. **meet** : to meet sb at the station, *attendre qqn à la gare.*
10. **she'd got to** = she had... to get to, *arriver.* How does one get to town ? *comment arrive-t-on en ville ?*
11. **Penny's** : sous-entendu **eyes.**

He could recall the scent of her perfume. Penny had found out about[1] that affair[2], and persuaded him to end it. How had she persuaded him ? Christopher could not remember Penny's words, they certainly had not been threatening or blackmailing in any way. But he had agreed to give up Louise, and he had written as much[3] to Louise, and then he had collapsed for two days in bed, exhausted as well as depressed, and so miserable, he had wanted to die. With the wisdom of years, Christopher realized[4] that collapsing had been symbolic of a suicide, and that he was rather glad, after all, that he had merely[5] spent two days in bed and not shot[6] himself.

That evening at dinner, Penny remarked on[7] his lack of appetite.

"Yes. Sorry," Christopher said, toying[8] with his lamb chop. "I suppose old[9] Jupiter may as well have this."

Christopher watched the dog carry[10] the chop to his eating place in the corner of the kitchen, and Christopher thought : another year or so and Jupiter will be standing in the garden, perhaps on three legs, in a running position for ever. Christopher firmly hoped he wouldn't be alive to see it. He set his jaw[11] and stared at the foot of his wine glass whose stem[12] he twisted. Not even the wine cheered[13] him.

"Christopher, I am sorry about the journalists. They looked me up[14], and begged[15] me.

---

1. **had found out about** : to find out about something, *se renseigner sur quelque chose, découvrir la vérité.*
2. **affair** : ▲ a toujours le sens d'*aventure amoureuse* ; *une bonne affaire, good deal. Les affaires,* business.
3. **he had written as much** : expression un peu difficile à utiliser ; *as much, autant* (ni plus ni moins) sans donner de détails ; **he had promised as much,** *il avait promis juste cela.* He told me as much, *je n'en sais pas plus.*
4. **realized** : *concevoir nettement, bien comprendre, s'apercevoir.*
5. **merely** : a un sens restrictif : *simplement* (c'est-à-dire rien de plus). He merely smiled, *il se contenta de sourire.*
6. **shot** : to shoot, I shot, shot, *tirer* (un projectile).
7. **remarked** : to remark on ▲ *faire une remarque sur* ; to notice, *remarquer.*
8. **toying** : a toy, *un jouet* ; to toy with something, *manier,*

Il avait encore en mémoire l'odeur de son parfum. Penny avait eu connaissance de cette aventure et l'avait convaincu d'y mettre fin. Comment y était-elle arrivée ? Il ne pouvait se rappeler les mots que Penny avait employés, mais ce n'étaient en aucune façon des paroles de menace ni de chantage. Mais il avait accepté de quitter Louise, le lui avait écrit, puis s'était effondré dans un lit pendant deux jours, aussi épuisé que déprimé et si malheureux qu'il avait souhaité mourir. Avec la sagesse que donne l'âge, Christopher s'était rendu compte que cet effondrement était un suicide symbolique et que, après tout, il était plutôt heureux d'avoir simplement passé deux jours au lit plutôt que de se tirer une balle dans la tête.

Ce soir-là, pendant le dîner, Penny lui fit une remarque sur son manque d'appétit.

« Oui, je suis désolé, dit Christopher, en chipotant sa côtelette d'agneau. Je crois que le brave Jupiter ferait aussi bien de la prendre. »

Christopher regarda le chien qui emportait la côtelette vers le coin de la cuisine où il mangeait habituellement et il pensa : Dans à peu près un an, Jupiter trônera dans le jardin, peut-être sur trois pattes, figé dans la position du coureur, pour l'éternité. Christopher espérait bien qu'il ne vivrait pas assez pour voir ça. Il serra les dents et regarda fixement le fond de son verre de vin dont il faisait tourner le pied. Même le vin n'arrivait pas à le dérider.

« Christopher, je suis désolée pour les journalistes. Ils sont venus me voir et m'ont suppliée.

---

tripoter ; to toy with one's food, *manger du bout des lèvres, grignoter, chipoter.*
9. **old** : terme d'affection. cf. **old chap** = **old fellow**, *mon vieux, mon brave, vieille branche.*
10. **watched the dog carry** : to watch signifie *regarder,* mais uniquement un sujet en mouvement, + inf. sans **to** (verbe de perception).
11. **jaw** : *mâchoire.*
12. **stem** : *tige* (pour une fleur) ou *pied* (d'un verre).
13. **cheered** : to cheer someone, ou plus souvent, **to cheer someone up**, *égayer, dérider* ; **cheer up**, *allons, courage !*
14. **they looked me up** : utilisé comme verbe tr., deux sens : 1) *chercher* (dans un livre) ; **look it up in the dictionnary** ; 2) to look someone up, *passer voir qqn.*
15. **to beg** : *mendier* ; **a beggar**, *un mendiant.*

29

I had no idea you'd be so upset [1]."

Christopher had a feeling that what she said was not true. On the other hand [2], Penny wasn't malicious [3]. He decided to chance it. "You could still cancel it, couldn't you ? Tell them you've changed your mind [4]. You won't have to mention me, I trust [5]."

Penny hesitated, then shook her head. "I simply don't want to cancel [6] it. I love my garden. This is a way of sharing it — with friends and with people I don't even know."

She probably envisaged letters from strangers [7] saying they were going to take up [8] the same method of preserving their pets in their houses or gardens [9] — God forbid — and what was the name of their taxidermist ? And so Christopher's will [10] hardened. He would have to endure it, and endure it he would [11], like a man. He wouldn't even quit [12] the house while the journalists were here, because that would be cowardly, but he was going to take care not to be in any photograph.

Wednesday, a pleasant and sunny day, he did not set foot in the garden. It was ruined [13] for him. The blossoming roses, the softly bending willow, chartreuse-coloured in the sunlight, seemed a stage-set waiting for the accursed [14] journalists. His work, a lot of it, making that garden so beautiful, and now the vulgarians [15] were going to trample over the primroses, the pansies, backing up and stepping sideways [16] for their silly photographs.

---

1. **upset** : a un sens assez fort ; cf. **The news of the plane accident is upsetting,** *bouleversant, démoralisant.*
2. **on one hand... on the other hand** : *d'une part... d'autre part.*
3. **malicious :** ▲ *méchant.*
4. **mind** : **you've changed your mind,** *vous avez changé d'avis ;* également : **make up your mind,** *décidez-vous.*
5. **I trust** : to trust 1) *faire confiance ;* 2) *penser, espérer.*
6. **to cancel** : **a flight, an appointment,** *annuler.*
7. **strangers :** *étrangers* (à la maison). **Foreigners,** *étrangers* (au pays).
8. **take up** : « *ramasser* », d'où un très grand nombre d'utilisations de ce verbe au sens fig. ; par exemple **to take up a question,** *prendre une question en main ;* **to take up**

J'étais loin de me rendre compte que tu serais si bouleversé. »

Christopher avait le sentiment que ce qu'elle disait n'était pas vrai. D'autre part, Penny n'était pas méchante. Il décida de se hasarder : « Il est encore temps d'annuler, n'est-ce pas ? Dis-leur que tu as changé d'avis. Tu n'as pas besoin de parler de moi, je pense. »

Penny hésita, puis secoua la tête. « Je refuse d'annuler. J'adore mon jardin. C'est une façon de le partager avec des amis ou avec des gens que je ne connais même pas. »

Elle s'imaginait probablement recevant des lettres d'inconnus disant qu'ils allaient adopter la même méthode pour conserver leurs animaux dans leur maison ou leur jardin — à Dieu ne plaise ! — et demandant le nom de leur taxidermiste. Alors la volonté de Christopher s'affermit. S'il devait vivre ça, il le vivrait comme un homme. Il ne quitterait même pas la maison pendant que les journalistes y seraient, parce que ce serait lâche, mais il veillerait bien à ne figurer sur aucune photo.

Le mercredi, qui fut une journée agréable et ensoleillée, il ne mit pas le pied dans le jardin. Il était gâché pour lui. Les roses épanouies, le saule délicatement penché, qui prenait une couleur chartreuse dans la lumière du soleil, tout cela ressemblait à un décor de théâtre prêt à recevoir ces maudits journalistes. C'était son travail, une grande partie de son travail, qui avait rendu le jardin si beau ; et maintenant ces malappris allaient piétiner ses primevères, ses pensées, en reculant et en marchant n'importe où pour prendre leurs stupides photos.

---

new studies, *aborder de nouvelles études ;* to take up a statement, *relever une affirmation.*
9. **in their houses or gardens** : noter le pluriel.
10. **will** : (ici subs.) *volonté.*
11. **and endure it he would** : forme emphatique pour **he would endure it.**
12. **quit** : (US) *quitter ;* (GB) to leave.
13. **ruined** : ▲ *gâché, abîmé* (verbe tr.) ; to ruin one's health, reputation, *gâcher sa santé, sa réputation ;* se ruiner, to go bankrupt.
14. **accursed** : *curse, mauvais sort.* Accursed, *maudits.*
15. **vulgarians** : *personne vulgaire, mal élevée.*
16. **stepping sideways** : a step, *un pas ;* sideways, *latéralement* (comme un crabe).

Something was building up[1] inside Christopher, a desire to hit back[2] at both[3] the journalists and at Penny. He felt like[4] bombing the garden, but that would destroy the growing things as well as part of the house, possibly. Absurd ! But an insufferable wrath boiled in him. The white coat[5] of Pixie showed left of the catalpa even from the kitchen window. A brown and white collie called Doggo was even more visible on a stone base near the garden wall. Christopher had been able to cut these out[6] of his vision somehow — until today.

When Penny went to the hairdresser's on Wednesday afternoon, fetched by her friend Beatrice who went to the same hairdresser, Christopher took the car and drove rather aimlessly northward[7]. He'd never done such a thing before. Waste of petrol, he'd have thought under usual circumstances, since[8] he hadn't even a shopping list with him. His mind dwelt[9] on Louise. Louise — a name he'd avoided saying[10] to himself for years, because it pained him so[11]. Now he relished the pain, as if it had a cleansing and clarifying power. *Louise* in the garden, that was what Penny needed to bring back[12] to her what the past was all about[13]. Louise, worthy of[14] being preserved if any living creature ever had been. Penny had met her once at a cocktail party in London, while the affair was still going on, and had sensed[15] something and later made a remark to Christopher.

---

1. **was building up** : « *se construisait* ».
2. **to hit back** : « *de frapper en retour* ».
3. **both** : noter la place de **both**. Both these men ou both of these men. Both ways, *des deux façons ;* on both sides, *des deux côtés.*
4. **he felt like** : ▲ to feel like, *avoir envie de.* I don't feel like drinking ; I feel like a drink, *je n'ai pas, j'ai envie de prendre un verre.*
5. **coat** : *manteau ; plumage ; fourrure.*
6. **to cut... out** : *éliminer, chasser.*
7. **northward(s)** : suffixe : *dans la direction de...* Ex. : backward(s), forward(s).
8. **since** : (ici) *du fait que, parce que.*
9. **dwelt** : to dwell, I dwelt, dwelt, *habiter, rester* (dwelling, *habitation*) ; to dwell on something, *insister sur, s'étendre*

Quelque chose s'élaborait en Christopher, un désir de se venger à la fois des journalistes et de Penny. Il avait envie de mettre une bombe dans le jardin mais cela détruirait les plantations et peut-être même une partie de la maison. Absurde ! Pourtant une colère intolérable bouillonnait en lui. Même de la fenêtre de la cuisine, on apercevait le poil blanc de Pixie, à gauche du catalpa. Quant à Doggo, un colley brun et blanc, il était encore plus visible sur son socle de pierre près du mur du jardin. Christopher avait réussi en quelque sorte à les chasser de son champ de vision — jusqu'à ce jour.

Lorsque, le mercredi après-midi, Penny avec son amie Béatrice, qui était venue la chercher, allèrent chez leur coiffeur commun, Christopher monta dans sa voiture et roula sans but précis vers le nord. Il n'avait jamais fait cela auparavant. Gaspillage d'essence, aurait-il pensé en temps normal, puisqu'il n'avait même pas emporté de liste de courses* à faire. Son esprit demeurait fixé sur Louise — *Louise*, un nom qu'il avait évité de prononcer, même pour lui tout seul, pendant des années, parce qu'il lui faisait trop mal. A présent il jouissait de cette souffrance comme si elle avait un pouvoir purificateur et révélateur. *Louise* dans le jardin, c'était ce dont Penny avait besoin, si elle voulait se rappeler le passé tel qu'il était vraiment. Louise, elle, était digne d'être conservée plus que toute autre créature au monde. Penny, qui l'avait rencontrée une fois à un cocktail à Londres, pendant leur liaison, avait eu l'intuition de quelque chose et en avait fait un peu plus tard la remarque à Christopher.

---

sur un sujet. **To let one's thought dwell on,** *attarder ses pensées sur.*
10. **he had avoided saying :** noter la construction de to avoid. I can't avoid saying, *je ne peux m'empêcher de dire.*
11. **so :** cf. I love him so, *je l'aime tant.*
12. **to bring back :** *ramener* (ici à la mémoire).
13. **what the past was all about :** what was it about ? *de quoi s'agissait-il ?* What was the past all about, « *de quoi il s'agissait dans le passé* ».
14. **worthy of :** *digne de.* Worthy of punishment = Worthy of being punished, *digne d'être puni.*
15. **to sense :** *percevoir, saisir* (de façon intuitive). Aux USA, il est souvent employé dans le sens de *comprendre.* I had sensed as much, *c'est bien ce que j'avais compris.*

Months later, Penny had discovered his three photographs of Louise — though to give Penny credit, she had not been snooping, but looking for a cufflink that Christopher said he had lost in the chest of drawers.

Penny had said, "Well, Christopher — this is the girl who was at that party, is it not[1] ? " and then it had come out[2], that he was still seeing her. With Penny pregnant, Christopher had not been able to fight for Louise. For that he reproached[3] himself too.

Christopher turned the car towards Bury St Edmunds[4], to a large department store, and found a parking place[5] nearby. He was full of an unusual confidence that he would have his way[6], that everything would be easy. He looked in the windows of the store as he walked towards the entrance : summer clothing on tall mannikins[7] with flesh-coloured legs, wearing silly smiles or equally silly pouts, flamboyant[8] with hands and arms flung[9] out as if to say, "Look at me !" That wasn't quite what he wanted. Then he saw her — a blond girl seated at a little white round table, in a crisp[10] navy blue blouse rather like a sailor's middy[11], navy blue skirt and black patent leather pumps[12]. An empty stemmed[13] glass stood on the table before her, and around her dummy[14] men reared back[15] barefoot in white dungarees[16], either topless or wearing striped blue and white jumpers.

---

1. **is it not ? :** la formule habituelle pour *n'est-ce pas ?* étant **isn't it ?** le fait de ne pas contracter est volontairement emphatique.

2. **it had come out :** *c'était sorti* (action involontaire).

3. **he reproached :** ⚠ to reproach oneself with something ou for something, *se reprocher qqch.*

4. **Bury St Edmunds :** ancienne citadelle au Moyen Age, dans le West Suffolk. C'était un bourg **(bury)** et l'on retrouve ce mot dans le nom de différentes localités. **(Canterbury.)**

5. **a parking place :** ou **a parking space,** *une place de parking.* **A parking lot,** *un parking.*

6. **would have his way :** way a ici le sens de *volonté.* She always wants to have her own way, *elle veut toujours qu'on agisse selon sa volonté.*

7. **mannikins** = **dummies,** *mannequins de cire.*

8. **flamboyant :** *éclatant* non seulement par les couleurs mais aussi par les gestes.

Plusieurs mois après, Penny avait découvert les trois photos de Louise qu'il avait. A son crédit, toutefois, il faut dire qu'elle ne fouinait pas, elle cherchait un bouton de manchette que Christopher disait avoir perdu dans la commode.

Penny avait demandé : « Dis-moi, Christopher, c'est bien la jeune femme qui était à cette soirée, n'est-ce pas ? » et là il s'était avéré qu'il la voyait encore. Penny enceinte, Christopher n'avait pas eu le courage de se battre pour garder Louise et cela aussi, il se le reprochait.

Christopher prit le chemin d'un grand magasin à Bury St Edmunds et trouva une place pour se garer tout près. Il avait une assurance débordante et inhabituelle, il était sûr qu'il arriverait à ses fins, et que tout serait facile. Il regarda les vitrines du magasin en se dirigeant vers l'entrée : des vêtements d'été sur des mannequins élancés, avec des jambes couleur chair, arborant un sourire stupide ou une moue tout aussi stupide, d'aspect tapageur, mains et bras tendus comme pour dire « regardez-moi ». Ce n'était pas exactement ce qu'il cherchait. Puis il la vit — une fille blonde assise à une petite table ronde et blanche, qui portait une blouse bleu foncé toute pimpante, à col marin, une jupe marine et des escarpins de vernis noir. En face d'elle, sur la table se trouvait un verre à pied vide, et autour d'elle, en position de recul, se tenaient des figures de cire masculines, pieds nus, en salopette blanche, soit torse nu soit en pull à rayures bleues et blanches.

---

9. **flung out** : to fling, I flung, flung, *jeter, lancer.* **Flung out**, *tendus.*

10. **crisp** : *net, soigné* et *frais.* A crisp winter morning : *un frais matin d'hiver.*

11. **sailor's middy** : 1) middy = midshipman, *un marin* ; 2) *blouse large.* La comparaison avec un marin est évoquée par les deux mots.

12. **pumps** : désigne également des *ballerines.*

13. **stemmed** : stem, *tige, pied* (d'un verre).

14. **dummy** : *mannequin.* Noter l'expression courante : **What a dummy !** *quel idiot !*

15. **reared back** : se dit de chevaux qui se cabrent à la vue d'un objet.

16. **dungarees** : *vêtements de travail* (= **overalls**).

"Where might [1] I find the manager ?" Christopher asked, but received such a vague answer [2] from à salesgirl, he decided to push on more directly. He barged into [3] a stockroom near the window where the girl was.

Five minutes later, he had what he wanted, and a young window-dresser called Jeremy something was even carrying her to his car, the girl in the navy blue outfit, without a [4] hat and with very dead-looking strawy straight yellow hair. Christopher had offered a deposit of a hundred pounds for an overnight [5] rental, half to be paid back on return of the dummy and clothing in good condition, and he had added encouragement [6] by pushing a ten-pound note into the young man's hand.

With the dummy installed in the back seat, Christopher returned to shop [7] for a hat. He found more or less what he was looking for, a round hat trimmed with black velour [8] instead of fur, and the crown was white and not beige, but the ressemblance to Louise's hat in the photograph, which he was sure Penny remembered [9], was sufficient and striking enough.

When he returned to the car, a small child was staring curiously at the mannikin. Christopher smiled amiably, pulled a blanket (used to keep Jupiter's paws off [10] the back seat when he went to the vet for arthritis shots [11]) gently over the figure [12], and drove off.

---

1. **might** : prétérite et cond. (ici) de **may**. Where may I find the manager ? *où puis-je... ?* where might... ? *où pourrais-je... ?*
2. ▲ **he received such a vague answer** = his answer was so vague.
3. **barged into** : a barge, *une péniche ; avancer lourdement*, **into** : *pour pénétrer.* Cf. **he ran into the room**, *il entra dans la pièce en courant.*
4. ▲ **without a hat** : ne pas oublier l'article.
5. **overnight** : en un seul mot (US), « *qui va jusqu'au lendemain* » ; utilisé soit comme adj. : **an overnight stay**, *un séjour de 24 heures,* ou comme adv. : **can you stay overnight ?** *pouvez-vous rester jusqu'à demain ?*
6. **and he had added encouragement** : « *il y avait ajouté de l'encouragement* ».
7. **to shop** : *faire des achats,* ou *faire les boutiques ;* ▲ **to**

— Où pourrais-je trouver le directeur ? demanda Christopher, mais il reçut d'une vendeuse une réponse si évasive qu'il décida de poursuivre seul ses recherches. Il entra carrément dans une réserve, près de la vitrine où se trouvait le mannequin.

Cinq minutes plus tard, il était en possession de ce qu'il voulait et un jeune étalagiste, du nom de Jérémy quelque chose, la transportait jusqu'à sa voiture, elle, la jeune fille en tenue bleu marine, sans chapeau, et aux cheveux ternes et filasse. Christopher avait proposé de laisser cent livres en dépôt pour une location de vingt-quatre heures, dont la moitié serait restituée au retour du mannequin et de ses vêtements, le tout en bon état et il avait facilité l'affaire en glissant un billet de dix livres dans la main du jeune homme.

Une fois le mannequin installé sur le siège arrière, Christopher retourna dans le magasin pour acheter un chapeau. Il y trouva ce qu'il cherchait, à peu de chose près : un chapeau rond, garni de velours noir au lieu de fourrure, et dont la calotte était blanche et non beige ; mais la ressemblance avec le chapeau de Louise sur la photo était bien assez frappante ; et ce chapeau, il était sûr que Penny s'en souvenait.

Quand il revint vers sa voiture, un petit enfant fixait le mannequin avec curiosité. Christopher lui sourit aimablement, ramena avec douceur une couverture sur le modèle, (cette couverture servait habituellement à protéger le siège arrière des pattes de Jupiter quand il allait chez le vétérinaire pour se faire faire des piqûres contre l'arthrite), et il démarra.

---

shop for a dress. *faire les boutiques pour trouver une robe.* To go shopping, *faire des courses.*

8. **velour** : qualité particulière de *velours*, utilisé pour les chapeaux (autrefois appelé *taupé*). *Velours* se traduit par **velvet**.

9. **which he was sure Penny remembered** : *le chapeau... dont il était sûr que Penny se souvenait.* ▲ Noter que le verbe *to remember* est tr.

10. **to keep Jupiter's paws off** : « *garder les pattes de Jupiter éloignées* » ; *off, loin de... hors de.*

11. **shot** : 1) *coup de feu ;* 2) *piqûre* (de **to shoot**, *tirer, viser*).

12. **figure** : ▲ *forme, silhouette.*

He felt a bit [1] pressed for time, and hoped that Penny had decided to have tea at Beatrice's house instead of theirs.

He was in luck [2]. Penny was not home yet. Having ascertained this, Christopher carried the dummy from the car into the house via the back door. He set the figure in his chair in front of his desk and indulged in [3] a few seconds of amusement and imagination — imagining [4] that it *was* Louise, young and round-cheeked, that he could say something to her [5], and she would reply. But the girl's eyes, though large and blue, were quite blank [6]. Only her lips smiled in a rather absent but definite curve [7].

This reminded [8] Christopher of something, and he went quickly up the stairs and got the brightest red lipstick he could find among several [9] on Penny's dressing table. Then down again, and carefully, trying his best [10] to steady his hand which was trembling as it never had before, Christopher enlarged the upper lip [11], and lowered the under lip exactly in the center. The upturned [12] red corners of the lips were superb.

Just then, he heard the sound of a car motor, and seconds later a car door slamming, voices, and he could tell [13] from the tone that Penny was saying goodbye to Beatrice. Christopher at once set the dummy in a back corner of his study, and concealed the figure completely with a coverlet [14] from his couch [15].

---

1. **a bit :** est ici employé comme adv. ; noter les expressions : I'm a bit late, *je suis un peu en retard.* He's a bit lazy, *il est un brin paresseux.*

2. **in luck :** to be lucky, *avoir de la chance* en général. To be in luck, *avoir de la chance* à un moment donné.

3. **indulged in :** *se laisser aller* (à un plaisir). To indulge in a cigar. He indulged in a drink on every possible occasion, *il se laissait aller à la boisson chaque fois qu'il le pouvait.*

4. **imagining :** [ɪ'mædʒɪnɪŋ], **to imagine** [ɪ'mædʒɪn], **imagination** [ɪ,mædʒɪ'neɪʃn].

5. **say :** noter la construction des deux verbes to say et to tell. Say something to her ; tell her something.

6. **blank :** *blanc, sans inscription* (pour des papiers) ; ici : *sans expression, vide.*

7. **curve :** *la courbe* faite par les lèvres en souriant.

Il n'avait pas beaucoup de temps devant lui et il espérait que Penny avait décidé de prendre le thé chez Béatrice et non chez eux.

Il avait de la chance. Penny n'était pas encore rentrée. S'en étant assuré, Christopher transporta la figure de cire de la voiture à la maison par la porte de service. Il installa le mannequin dans sa chaise en face de son bureau et s'offrit pendant quelques secondes le plaisir de se distraire et de rêver, de rêver que c'était vraiment Louise, jeune, les joues rondes ; imaginant qu'il pourrait lui parler et qu'elle allait répondre. Pourtant, bien que grands et bleus, les yeux de la jeune femme étaient sans expression. Seules ses lèvres souriaient, d'une façon distraite mais évidente.

Cela lui rappela quelque chose, et il grimpa rapidement l'escalier pour aller chercher le rouge à lèvres le plus vif qu'il put trouver sur la coiffeuse de Penny. Quand il redescendit, avec beaucoup d'application, faisant de son mieux pour assurer sa main qui tremblait comme jamais de sa vie elle n'avait tremblé, il élargit la lèvre supérieure et accentua la lèvre inférieure en son milieu. Les commissures écarlates et bien ourlées étaient superbes.

Juste à ce moment-là, il entendit le bruit d'un moteur, puis, quelques secondes plus tard, une porte claqua, et il devina au ton de la voix que Penny disait au revoir à Béatrice. Immédiatement, Christopher plaça le mannequin dans un coin reculé de son bureau et le dissimula complètement avec un couvre-lit emprunté à son divan.

---

8. **reminded... of :** to remind somebody of something, *rappeler quelque chose à quelqu'un.*
9. **among several :** « *parmi plusieurs* ».
10. **trying his best :** « *essayant de son mieux* ».
11. **upper lip :** *lèvre supérieure ;* **under lip, lower lip, nether lip,** *lèvre inférieure.*
12. **upturned :** « *tournées vers le haut* ».
13. **could tell :** après **can, could, be able, to tell** a le sens de *savoir, juger, deviner.* **I can't tell the difference,** *je ne peux dire la différence.* **I can't tell one from another,** *je ne peux les distinguer.* **Nobody can tell,** *pers. ne peut savoir.*
14. **a coverlet :** en GB, on aurait plutôt employé **bedspread,** le mot **coverlet** pouvant désigner *un châle* ou *un tissu* qu'on met pour couvrir un canapé ou un lit.
15. **couch** [kautʃ] : *divan ; chaise longue.*

At any rate, Penny almost never looked into his study, except when she knocked on the door to call him to tea or a meal. Christopher put the bag with the hat under the coverlet also.

Penny looked especially well coifed [1], and was in good spirits [2] the rest of the afternoon and evening. Christopher behaved politely, merely, but in his way, he felt in good spirits too. He debated putting the effigy of Louise out in the garden tonight versus early tomorrow morning. Tonight, Jupiter might bark, as he slept outdoors in this season in this doghouse near the back door. Christopher could take a stroll [3] in the garden, if he happened to be [4] sleepless at midnight, tell Jupiter to hush, and the dog would [5], but if he were carrying a large object and fussing around [6] getting it placed correctly, the silly dog just might keep on barking [7] because he was tied up at night.

Christopher decided on [8] early tomorrow morning.

Penny retired [9] just after ten, assuring Christopher cheerfully that "It'll all be over so quickly tomorrow," he wouldn't know it had happened [10]. "I'll tell them to be very careful and not step on the flowerbeds." She added that she thought he was being very patient [11] about it all.

In his study, Christopher hardly slept. He was aware of [12] the village clock striking faintly at quite [13] a distance every hour until four, when the window showed signs of dawn.

---

1. **coifed** : terme un peu précieux ; on dirait plutôt, her hair was well-done (to do one's hair, se coiffer).

2. **in good, bad spirits** : de bonne, de mauvaise humeur.

3. **to take a stroll** : to stroll, marcher pour le plaisir, flâner. To stroll the streets, se promener dans les rues.

4. **if he happened to be** : to happen : 1) arriver ; when did it happen ? quand est-ce arrivé ? 2) if he happened to be, « s'il lui arrivait d'être », « si par hasard il était ». Bien noter la construction de to happen. I happened to be out when, il se trouvait que je n'étais pas là quand... Do you happen to know ? savez-vous par hasard... ?

5. **would (hush)** : se tairait.

6. **fussing around** : indique des va-et-vient nerveux et inutiles. What's all that fuss about ? qu'est-ce que cette

De toute façon, Penny n'allait jamais voir ce qui se passait dans son bureau, sauf quand elle frappait à la porte pour l'appeler pour le thé ou le dîner. Christopher plaça aussi sous le couvre-lit le sac contenant le chapeau.

Penny était particulièrement bien coiffée, et de charmante humeur pendant la fin de l'après-midi et la soirée. Christopher eut un comportement poli, sans plus, mais, à sa façon, il était aussi de bonne humeur. Il pesa le pour et le contre pour décider s'il devait mettre l'effigie de Louise dans le jardin le soir même ou le lendemain matin de bonne heure. Ce soir, Jupiter pourrait aboyer, puisque en cette saison il dormait dehors dans la niche près de la porte de service. Si Christopher, ne trouvant pas le sommeil sur le coup de minuit, pouvait se permettre de faire une petite promenade dans le jardin et d'enjoindre au chien de se taire, Jupiter obéirait ; mais s'il s'agitait avec son fardeau pour trouver la bonne place, cet idiot de chien, attaché la nuit, pouvait continuer à aboyer.

Christopher prit la décision de le faire le lendemain matin.

Penny se retira juste après 10 heures, en assurant joyeusement à Christopher que « tout serait si vite terminé demain » qu'il ne s'en rendrait même pas compte. « Je leur dirai de faire attention et de ne pas piétiner les plates-bandes. » Elle ajouta qu'elle le trouvait très patient dans cette affaire.

Dans son bureau, Christopher dormit à peine. Il entendit chaque heure sonner faiblement dans le lointain au clocher du village jusqu'à 4 heures, quand la clarté de l'aube apparut à la fenêtre.

---

agitation ? **Don't make a fuss,** *n'en faites pas une affaire.*

7. **keep on barking** : to keep on + ing (ou to go on), *continuer à.*

8. **decided on** : noter la construction très concise.

9. **retired** : autre sens de to retire, *prendre sa retraite.*

10. **he wouldn't know (that) it had happened** : « *il ne saurait pas que cela s'était passé* ».

11. **he was being very patient** : *il se montrait patient à ce moment-là,* différent de **he was very patient,** *il était patient,* d'une façon générale.

12. **aware of** : to be aware of something, *avoir conscience* ou *connaissance de qqch.*

13. **quite** : noter la construction de **quite. Quite far,** *assez loin ; * **at quite a distance,** *à une certaine distance, au loin.*

Christopher got up and dressed. He sat Louise again in his desk chair, and practised setting the hat on correctly at a jaunty [1] angle. The extended forearm [2], without the glass stem in the fingers of the hand, looked able to hold a cigarette, and Christopher would have put one there unlighted, except that he and Penny didn't smoke, and there were no cigarettes in the house just now. Just as well [3], because the hand looked also as if Louise might be beckoning to someone, having just [4] called out [5] someone's name. Christopher reached for [6] a black felt pen, and outlined both her blue eyes.

There ! Now her eyes really stood out [7] and the outer corners turned up just a little, imitating the upturn of her lips.

Christopher carried the figure out the back door with the coverlet still over it. He knew where it should be, on a short stone bench on the left side of the garden which was rather hidden [8] by laurels.

Jupiter's eyes had met Christopher's for an instant, the dog had been sleeping with forepaws and muzzle on the threshold [9] of his wooden house [10], but Jupiter did not bother [11] to lift his head. Christopher flicked the bench clean [12] with the coverlet, then seated Louise gently, and put a stone under one black pump, since the shoe did not quite touch the ground. Her legs were crossed. She looked charming — much more charming than the long-haired Pekinese called Mao-Mao who peeked from the foliage to the left of the bench, facing the little clearing as if he were [13] guarding it.

---

1. **jaunty** : désinvolte, enjoué, vif.
2. **forearm** : l'avant-bras ; cf. plus loin : forepaws, pattes de devant.
3. **just as well** = it was just as well.
4. **just** : I've just done it (toujours avec le present perfect), je viens de le faire.
5. **called out** : to call out, appeler fort, de loin.
6. **reached for** : to reach something, atteindre qqch. To reach for, tendre la main vers.
7. **stood out** : to stand, stood, stood, ressortir. She stood out in the crowd, wherever she was, on la remarquait dans la foule, où qu'elle fût.
8. **hidden** : to hide, I hid, hidden, cacher.

Il se leva et s'habilla. Il réinstalla Louise dans la chaise derrière le bureau, et s'entraîna à bien placer le chapeau, penché de façon coquine. Le bras tendu, sans le verre qu'il tenait auparavant entre les doigts, semblait prêt à recevoir une cigarette et Christopher aurait bien voulu en mettre une... ; mais ni lui ni Penny ne fumaient et il n'y en avait pas dans la maison. Ce n'était pas plus mal, car cette main donnait l'impression que Louise faisait un signe à quelqu'un qu'elle venait d'appeler. Christopher, d'un geste, prit un stylo feutre noir et en souligna ses yeux bleus.

Voilà ! Maintenant ses yeux ressortaient et les coins extérieurs se relevaient légèrement, à l'image des commissures de ses lèvres.

Il emporta le mannequin par la porte de service, encore recouvert du dessus-de-lit. Il savait quelle devait être sa place, sur un petit banc de pierre en partie caché par les lauriers dans la partie gauche du jardin.

Le regard de Jupiter avait croisé le sien, l'espace d'un instant ; le chien dormait, le museau et les pattes sur le rebord de sa niche, mais Jupiter n'avait même pas fait l'effort de lever la tête. Christopher épousseta le banc avec le dessus-de-lit, puis y installa Louise avec précaution, plaça une pierre sous un des escarpins noirs, car la chaussure ne touchait pas tout à fait le sol. Louise avait les jambes croisées. Elle avait l'air charmant, beaucoup plus charmant que le pékinois aux longs poils nommé Mao-Mao dont le museau émergeait du feuillage à gauche du banc, face à la petite clairière, comme s'il était chargé de la garder.

---

9. **threshhold** : *seuil* (maison) ; syn. : *doorstep*.

10. **wooden house** : « *maison de bois* ».

11. **did not bother to** : 1) **to bother somebody**, *importuner qqn*, 2) **to bother to do something**, *prendre la peine de faire qqch*.

12. **flicked the bench clean** : **to flick**, *donner des petits coups* (de fouet, de torchon, etc.) ; **clean**, *propre*. **Clean** indique le résultat de l'action et **flick** la façon dont ce résultat est obtenu. Cf. **to fling the door open**, *ouvrir brusquement la porte*.

13. **as if he were** : l'emploi du subj. est grammaticalement nécessaire après **if**. Il tend cependant à disparaître dans le langage parlé et on peut trouver **if he was**.

Mao-Mao's tongue, which protruded nearly two inches and had been made by the taxidermist out of [1] God knew what, had lost all its pink and was now a sickening flesh colour [2]. For some [3] reason, Mao-Mao had always been a favourite target of his and Penny's dogs, so his coat looked miserable [4].

But Louise ! She was fantastically smart with her round hat on [5], in her crisp new navy outfit, her happy eyes directed towards the approach to the nook in which she sat. Christopher smiled with satisfaction, and went back to his study, where he fell sound asleep [6] until Penny awakened him with tea at eight.

The journalist and the photographer were due [7] at 9.30, and they were punctual, in a dirty grey Volkswagen. Penny went down the front steps to greet them. The two young men, Christopher observed from the sitting-room window, looked even scruffier [8] than he had foreseen, one in a T-shirt and the other in a polo-neck sweater, and both in blue jeans. Gentlemen of the press, indeed !

Christopher had two reasons, his legal mind assured him, for joining the company in the garden : he didn't want to appear huffy [9] or possibly physically handicapped, since [10] the journalists knew that Penny was married and to whom [11], and also he wanted to witness the discovery of Louise. So Christopher stood in the garden near the house, after the men had introduced [12] themselves to him.

---

1. **made out of** : to make... out of, *faire... de qqch* ; ex. : to make... a dress out of an old curtain, *faire d'un rideau une robe*.
2. **sickening flesh colour** : ici sick a le sens qu'il a habituellement en anglais ; I feel sick, *j'ai mal au cœur*. He's sea-sick, *il a le mal de mer*. Toutefois aux USA on l'emploie à la place de ill même pour des maladies graves.
3. **some** : « *pour une certaine raison* ».
4. **miserable** : ▲ *pitoyable, minable*.
5. **her hat on** : emploi de on dans les expressions : to have one's shoes on, one's glasses on, etc. (vêtements).
6. **he fell sound asleep** : to fall asleep, *s'endormir*. Sound, ici adv. *profondément*. To sleep sound, *dormir à poings fermés*.

La langue de Mao-Mao, qui sortait de près de cinq centimètres et qui avait été fabriquée par le taxidermiste à partir de Dieu sait quel matériau, avait perdu tout son pigment rose et était maintenant d'une écœurante couleur de chair. Pour une raison insoupçonnable, Mao-Mao avait été la cible favorite de leurs chiens et son poil avait un aspect lamentable.

Que dire de Louise ! elle était étonnamment élégante avec son chapeau rond sur la tête, toute pimpante dans son ensemble bleu marine, portant son regard joyeux vers l'accès du recoin où elle se trouvait. Christopher eut un sourire de satisfaction et retourna à son bureau où il s'endormit profondément jusqu'à ce que Penny le réveillât à 8 heures pour le thé.

On attendait le journaliste et le photographe à 9 h 30 et ils arrivèrent à l'heure dans une Volkswagen gris sale. Penny descendit l'escalier pour les accueillir. Les deux jeunes gens, que Christopher observait de la fenêtre du salon, paraissaient encore plus débraillés qu'il ne l'avait prévu, l'un en tee-shirt, l'autre en polo et tous deux en jeans. « La fine fleur de la presse, en effet ! »

Christopher avait deux bonnes raisons (son esprit juridique le confortait dans cette idée), d'aller rejoindre le groupe dans le jardin : d'abord il ne voulait pas paraître fâché, voire même physiquement handicapé (puisque les journalistes savaient que Penny était mariée et avec qui), et ensuite il voulait être témoin de la découverte de Louise. Aussi Christopher resta-t-il dans le jardin, près de la maison, une fois que les journalistes se furent présentés.

---

7. **were due** : *être prévu, attendu.* What time is the train due ? *À quelle heure le train est-il prévu ?*
8. **scruffier** : comparatif de **scruffy**, *pas soigné, sale, mal fagoté.*
9. **huffy** : *boudeur ;* he's got the huff = he's sulking, *il boude.*
10. **since** : (ici) *du moment que, puisque.*
11. **to whom** : l'emploi du pron. compl. est le seul correct après **to** ; en revanche il est supprimé en anglais moderne quand il y a rejet de la prép. Ex. : **who are you talking to.**
12. **introduced** : ▲ to introduce, *présenter.* To introduce someone to someone, *présenter qqn à qqn.* To introduce oneself, *se présenter.*

45

"Jonathan, look !" said the man without the camera, marvelling at [1] big Jeff the Irish sheep dog who stood on the right side of the garden. "We must get this !" But his exclamations became more excited as he espied [2] old Pixie, whose effigy made him laugh with delight.

The cameraman snapped [3] here and there with a compact little machine that made a whir and a click. Stuffed animals were really everywhere, standing out more than the roses and peonies.

"Where do you have this expert work done [4], Mrs Waggoner ? Have you any objection to telling us [5] ? Some of our readers might like to start the same hobby."

"Oh, it's more than a hobby," Penny began. "It's my way of keeping my dear pets with me. I feel that with their forms around me — I don't suffer as much as other people do who bury their pets in their gardens."

"That's the kind of comment [6] we want," said the journalist, writing in his tablet [7].

Jonathan was exploring the foot [8] of the garden now. There was a beagle named Jonathan back to the right behind the barberry bush, Christopher recalled, but either Jonathan didn't see him or [9] preferred the more attractive animals.

The photographer drifted [10] closer to Louise, but still did not notice her. Then, focusing [11] on Riba, the cat in the catalpa, he stepped backward, nearly fell [12], and in recovering glanced [13] behind him, and glanced again.

---

1. **at** : ici, à la vue de.
2. **espied** : to espy, découvrir, remarquer ; to spy on somebody, espionner.
3. **snapped** : snap traduit toujours un mouvement sec et rapide. Snapshot, instantané.
4. **where do you have this expert work done ?** To have something done, faire faire qqch ; ex. : to have the walls painted, faire peindre les murs. One's shoes mended, faire réparer ses chaussures.
5. **have you any objection to telling us** : to object to doing, to have an objection to doing, se refuser à faire qqch.

« Jonathan, regarde ! », dit l'homme qui ne portait pas l'appareil à photo, émerveillé par Jeff, le grand berger irlandais qui se trouvait dans la partie droite du jardin. « Il faut qu'on prenne ça. » Mais ses exclamations devinrent plus enthousiastes encore quand il aperçut la vieille Pixie, dont l'effigie le fit rire avec ravissement.

Le photographe mitraillait ici et là avec un petit appareil compact qui émettait un bourdonnement puis un déclic. Des animaux empaillés, il y en avait partout et ils ressortaient plus que les roses et les pivoines.

« Où faites-vous faire ce travail d'artiste, Mrs Waggoner ? Voyez-vous un inconvénient à nous le dire ? Certains de nos lecteurs pourraient avoir envie de se mettre à ce hobby.

— Oh, c'est plus qu'un hobby, commença Penny. C'est une façon de garder mes petits chéris. J'ai le sentiment qu'en ayant leurs dépouilles autour de moi je souffre moins que d'autres personnes qui enterrent leurs animaux dans le jardin.

— C'est exactement ce genre de commentaire que nous voulons », dit le journaliste en écrivant sur son calepin.

Jonathan explorait maintenant le bas du jardin. Il y avait un chien beagle appelé Jonathan au fond à droite derrière l'épine-vinette, se rappela Christopher, mais Jonathan ne le vit pas ou alors préféra des animaux plus spectaculaires.

Le photographe s'approchait progressivement de Louise, mais ne la remarquait toujours pas. Puis, en faisant sa mise au point sur Riba, le chat placé sur le catalpa, il fit un pas en arrière, manqua tomber et, en retrouvant son équilibre, jeta un coup d'œil derrière lui, puis regarda de nouveau.

---

6. **comment** : Δ accent tonique sur la 1re syllabe.
7. **tablet** : (US) *bloc correspondance* ; (GB) 1) *calepin*, 2) *cachet, comprimé.*
8. **foot** : *pied ;* ici *le bas.*
9. **either... or** : *soit... soit.*
10. **drifted** : vient de to drift, *dériver* (en bateau) ici mouvement involontaire.
11. **focusing** : focus (terme d'optique) subst. : *foyer* (de lentille, de miroir, d'objectif) ; *points de convergence des rayons ;* to focus, *faire converger* (rayons). Par extension : *regard, attention,* etc. His attention was focused upon that point, *son attention était centrée sur ce point.*
12. **fell** : to fall, I fell, fallen, *tomber.*
13. **glanced** : to glance, *regarder très rapidement.*

Penny was just then [1] saying to the journalist, "Mr Taylor puts a special weatherproofing [2] on their coats [3] with a spray..."

"Hey Mike ! — *Mike,* look !" The second Mike had a shrill [4] note of astonishment.

"What now ?" asked Mike smiling, approaching.

"Mao-Mao," said Penny, following them in her medium-high heels [5]. "I'm afraid he's not in the best —"

"No, no, the figure [6]. Who is this ?" asked the photographer with a polite smile.

Penny's gaze sought [7] and found what the photographer was pointing at [8]. "Oh ! — Oh, *goodness* !" Then she took a long breath and screamed, like a siren [9], and covered her face with her hands.

Jonathan caught her arm as she swayed [10]. "Mrs Waggoner ! Something the matter [11] ? We didn't damage anything. — It's a friend of yours [12] — I suppose ?"

"Someone you liked very much ?" asked Mike in a tactful tone.

Penny looked crushed [13], and for brief [14] seconds Christopher relished it [15]. Here was Louise in all her glory, young and pretty, sure of herself, sure of him, smack in their garden [16]. "Penny, a cup of tea ?" asked Christopher.

They escorted Penny through the back door [17] and into the kitchen. Christopher put the kettle on.

---

1. **just then** : « *juste alors* ».
2. **weatherproofing** : to proof against something, *résister à*. Proof (adj.) : *à l'épreuve de, résistant à,* d'où waterproof, fireproof.
3. **coats** : noter l'emploi du pluriel dans ce cas en anglais.
4. **shrill** : *aigu.*
5. **medium-high heels** : « *talon de hauteur moyenne* ».
6. **figure** : ▲ *silhouette, forme humaine, mannequin.*
7. **sought** : to search, I sought, sought, *chercher.*
8. **pointing at** : to point at something ou to something, *désigner du doigt.*
9. **a siren** : prononcer ['saɪərən].
10. **swayed** : *osciller, chanceler* (se dit d'un ivrogne).
11. **something the matter ?** = What's the matter ? *Qu'y*

48

A ce moment précis, Penny disait au journaliste :

« Mr Taylor vaporise sur leur poil un produit spécial contre les intempéries.

— Hé, Mike !... Mike, regarde ! »

Cette fois il y avait dans sa voix aiguë une note de stupéfaction.

— Eh bien, quoi ? demanda Mike approchant avec un sourire.

— C'est Mao-Mao, dit Penny qui les suivait sur ses petits talons ; je crains qu'il ne soit pas très...

— Non, non, le mannequin, qui est-ce ? » demanda le photographe en souriant poliment.

Penny chercha du regard et trouva ce que le photographe désignait du doigt. « Oh ! Oh seigneur ! » Puis elle aspira très fort et poussa un hurlement de sirène, et se couvrit le visage de ses mains.

Jonathan la rattrapa par le bras quand elle vacilla.

« Mrs Waggoner ! Quelque chose ne va pas ? Nous n'avons rien abîmé... C'est une de vos amies... Je suppose.

— Quelqu'un que vous aimiez beaucoup ? » demanda Mike sur un ton empreint de tact.

Penny avait l'air effondré, et pendant quelques brefs instants Christopher en éprouva une certaine jouissance. Louise était là dans toute sa splendeur, jeune et jolie, sûre d'elle, sûre de lui, en plein dans leur jardin.

« Penny, tu veux une tasse de thé ? » demanda Christopher.

Ils accompagnèrent Penny dans la cuisine, par la porte de service. Christopher mit la bouilloire sur le feu.

---

a-t-il ? (généralement qqch qui ne va pas). **There is something the matter,** il y a qqch qui ne va pas. **There is nothing the matter,** il n'y a rien.

12. **of yours** : a friend of mine, yours, his, un de mes amis, vos... ses...

13. **crushed** : to crush, écraser, aplatir.

14. **brief** : [bri:f].

15. **relished it** : savourer. He relished the food, il savoura la nourriture.

16. **smack in their garden** : étymologiquement a smack, une gifle. He told me smack in the face... Il me balança la chose en plein visage. D'origine américaine, s'emploie maintenant aussi en GB.

17. « la porte de derrière ».

"It's Louise !" Penny moaned in an eerie[1] voice, and leaned back[2] in the bamboo chair, her face white.

"Someone she didn't want us to photograph ?" asked Jonathan. "We certainly won't."

Before Christopher could pour the first cup of tea, Mike said, "I think we'd better[3] call for[4] a doctor, don't you[5], Mr Waggoner ?"

"Y-yes, perhaps." Christopher could have said something comforting to Penny, he realized — that he had meant it as a joke[6]. But he hadn't. And Penny was in a state beyond[7] hearing anything anybody could say[8].

"Why was she so surprised ?" asked Jonathan.

Christopher didn't answer. He was on his way to the telephone[9], and Mike was coming with him, because Mike had the number of a doctor in Ipswich, in case the local doctor[10] was not available[11]. But this got interrupted by a shout from Jonathan. He wanted some help to get Penny to a sofa, or anywhere where she could lie down. The three of them carried her into the sitting room. The touch of rouge[12] on her cheeks stood out garishly on her pale face.

"I think it's a heart attack," said Jonathan.

The local doctor was available, because his nurse knew whom he was visiting just now, and she thought he could arrive in about five minutes. Meanwhile Christopher covered Penny with a blanket he brought from upstairs, and started the kettle again for a hot water bottle. Penny was now breathing through parted lips.

---

1. **eerie** : adj. : *étrange, qui tient du surnaturel, donne le frisson.*
2. **leaned back** : « *s'appuya en arrière* ». To lean against the wall, *s'appuyer sur le mur.*
3. **we'd better** = we had better, *nous ferions mieux* + inf. sans to. You had better stay, *il vaut mieux que vous restiez.*
4. **call for...** : ▲ *appeler qqn pour qu'il vienne* ; ex. : call for the plumber, *for help.*
5. **don't you ?** : pour "don't you think so ?"
6. **he had meant it as a joke** : mean marque ici l'intention : « *il l'avait conçu, envisagé comme une plaisanterie* ».
7. **beyond** : *au-delà.* Beyond the seas, *au-delà des mers* ;

50

« C'est Louise, gémit Penny d'une voix d'outre-tombe, et elle se renversa dans la chaise de bambou, le visage livide.

— Elle ne voulait pas qu'on la photographie ? demanda Jonathan. Bien sûr nous ne le ferons pas. »

Avant que Christopher eût le temps de verser la première tasse de thé, Mike dit :

— Je crois que nous ferions mieux d'appeler un médecin, vous ne pensez pas, Mr Waggoner ?

— Oui… Oui, sans doute.

Christopher aurait pu prononcer des paroles de réconfort, il en avait conscience, il aurait pu lui dire que ce n'était qu'une plaisanterie. Mais il n'avait rien dit. Et Penny n'était plus en état d'écouter quoi que ce soit.

« Pourquoi a-t-elle été si surprise ? » demanda Jonathan.

Christopher ne répondit rien. Il se dirigeait vers le téléphone, et Mike le suivait, parce qu'il avait le numéro d'un médecin à Ipswich, au cas où leur médecin de famille ne serait pas libre. Mais ils furent interrompus par Jonathan qui criait. Il voulait qu'on l'aide à mettre Penny sur le canapé ou à un endroit où elle pourrait s'allonger. Tous trois la portèrent dans le salon. Son fard à joue tranchait sur la pâleur de son visage.

« Je crois que c'est une crise cardiaque », dit Jonathan.

Leur médecin de famille était joignable ; son infirmière savait auprès de qui il était actuellement en visite et à son avis il serait là dans cinq minutes environ. En attendant, Christopher alla chercher une couverture en haut, en recouvrit Penny, et remit de l'eau à chauffer pour une bouillotte. Maintenant Penny respirait, la bouche entrouverte.

---

it's beyond understanding, *au-delà de l'entendement.*
8. **hearing anything anybody could say :** « *d'entendre quoi que ce soit que quiconque dirait* ».
9. **on his way to the telephone :** construction très courante du mot way. Ex. : **on my way to the office ; on my way home ; I'm on my way,** *j'arrive.*
10. **the local doctor :** *le médecin du coin, le généraliste.*
11. **available :** 1) *disponible, libre* ; 2) *accessible.*
12. **rouge :** terme de maquillage ; ne s'emploie que pour « *le rouge à joues* » ; en revanche, les parfumeurs, en France, utilisent le mot anglais **blush,** qui vient de **to blush,** *rougir* (d'émotion, de timidité).

"We'll stay till the doctor gets here, unless you want us to take her directly to Ipswich Hospital," said Jonathan.

"No — thank you. Since the doctor's on his way, it may be wisest[1] to wait for him."

Dr Dowes arrived soon after, took Penny's pulse, and at once gave her an injection. "It's a heart attack, yes, and she'd best[2] go to hospital." He went to the telephone.

"If we possibly could, Mr Waggoner," said Jonathan, "we'd like to come back tomorrow morning, because today I didn't get all the pictures I need to choose from[3], and the rest of today is so booked up[4], we're due somewhere in a few minutes. — If you could let us in[5] around[6] nine-thirty again, we'd need[7] just another half hour."

Christopher thought at once of Louise. They hadn't got a picture of her as yet[8], and he wanted them to photograph her and was sure they would. "Yes, certainly. Nine-thirty tomorrow. If I happen not to be here[9], you can use the side passage into the garden. The gate's never locked."

As soon as they had driven off, the ambulance arrived. Dr Dowes had not asked if anything had happened to give Penny a shock, but he had gathered[10] the journalists' purpose — he knew[11] of the stuffed animals in the garden, of course — and he said something to the effect that[12] the excitement of showing her old pets to the public must have been[13] a strain[14] on her heart.

---

1. **wisest** : langage parlé. On devrait avoir **wiser** car on ne compare que deux choses.
2. **she'd best** : même remarque ; mis pour **she had better**.
3. **all the pictures I need to choose from** : « *toutes les photos dont j'ai besoin pour choisir* ».
4. **to book (up)** : *réserver, prendre des rendez-vous.*
5. **let us in** : noter la suppression du verbe. ≠ **to let us out**.
6. **around** : marque l'approximation : *vers ;* équivalent : **by 9.30** ou **about 9.30**.
7. **we'd need** = **we would need** : formule de politesse : *nous aurions besoin.*
8. **as yet** : ou seulement **yet** ; toujours avec une forme nég. : *pas encore.*

« Nous allons rester jusqu'à l'arrivée du docteur, à moins que vous ne préfériez que nous l'emmenions directement à l'hôpital d'Ipswich, dit Jonathan.

— Non... merci... Puisque le médecin arrive, il serait plus sage de l'attendre. »

Le Dr Dowes arriva peu de temps après, prit le pouls de Penny et lui fit aussitôt une piqûre.

« C'est une crise cardiaque, oui, et il vaudrait mieux qu'elle aille à l'hôpital. »

Il se dirigea vers le téléphone.

« Si c'était possible, Mr Waggoner, dit Jonathan, nous aimerions revenir demain matin ; car aujourd'hui je n'ai pas pu prendre toutes les photos qu'il me faut pour ma sélection ; notre journée est surchargée, nous avons un rendez-vous dans quelques minutes. Si vous nous permettiez de revenir vers 9 h 30, une demi-heure nous suffira. »

Christopher pensa aussitôt à Louise. Ils n'avaient pas encore de photo d'elle, il tenait à ce qu'ils la photographient et il savait bien qu'ils le feraient.

« Oui, certainement, demain à 9 h 30. Si par hasard je n'étais pas là, prenez la porte latérale qui donne sur le jardin, la grille n'y est jamais fermée. »

Aussitôt qu'ils furent partis, l'ambulance arriva. Le Dr Dowes n'avait pas demandé s'il s'était passé quelque chose qui eût pu causer un choc à Penny, mais il avait deviné le motif de la présence des journalistes — bien sûr, il connaissait l'existence des animaux empaillés dans le jardin — et il dit en substance que le cœur de Penny avait été mis à rude épreuve : c'était une grande émotion pour elle de montrer ses chers compagnons au public.

---

9. **if I happen not to be here** : *si par hasard je n'étais pas là ;* noter la place de la négation ; cf. note 4, p. 40.

10. **gathered** : *comprendre en rassemblant des éléments* (to gather, *assembler*) donc *déduire.*

11. **to know of, to know about** : *avoir entendu parler.*

12. **to the effect that...** : *« qui voulait dire que... »*

13. **must have been** : must indique ici une déduction logique. Présent : **You must be tired after walking so far,** *vous devez être fatigué après une telle promenade.* Passé : **You must have felt tired after walking so far,** *vous avez dû vous sentir fatigué.*

14. **a strain** : *une tension, un effort ;* **the strain of modern life,** *la tension de la vie moderne.*

"Shall I[1] go with her ?" Christopher asked the doctor, not wanting at all to go.

"No, no, Mr Waggoner, really no use in it[2]. I'll ring[3] the hospital in an hour or so[4], and then I'll ring you."

"But how dangerous is her state ?"

"Can't tell as yet[5], but I think she has a good chance[6] of pulling through[7]. No former[8] attacks like this."

The ambulance went away, and then Dr Dowes. Christopher realized that he wouldn't have minded[9] if the shock of seeing Louise had killed Penny. He felt strangely numb[10] about the fact that at this minute, she was hovering[11] between life and death. Tomorrow, Penny alive or not, the journalist and the photographer would be back, and they would take a picture of Louise. How would Penny, if she lived, explain the effigy of a young woman in her garden ? Christopher smiled nervously. If Penny died[12], or if she didn't, he could still ring up the Ipswich *Chronicle* and say that under the circumstances, because his wife had suffered such emotional strain[13] because of the publicity, he would be grateful if they cancelled[14] the article. But Christopher didn't want that. He wanted Louise's picture in the newspaper. Would his children Philip and Marjorie suspect Louise's identity[15], or role ?

---

1. **shall I** : l'interrogation **shall I** s'emploie pour demander un avis *(pensez-vous que je doive ?)* ou proposer ses services : **Shall I open the window ?** *voulez-vous que j'ouvre la fenêtre ?*

2. **no use in it** : familier pour **it's useless**.

3. **I'll ring** : syn. : **I'll phone you (up)** ; **I'll ring you up** ; **I'll call you**.

4. **an hour or so** = about an hour.

5. **as yet** ou **yet** : après une négation : *pas encore*.

6. **chance** : ici, exceptionnellement, **chance** signifie *chance*. Noter que la plupart du temps **chance**, *hasard*. If by chance, *si par hasard*.

7. **pulling through** : *se tirer d'une difficulté.* He's pulling through in his job, *il s'en tire*.

8. **former** : *antérieure*.

54

« Dois-je y aller avec elle ? demanda Christopher qui n'en avait aucune envie.

— Non, Non, Mr Waggoner, c'est inutile, je téléphonerai à l'hôpital d'ici une heure environ, puis je vous appellerai.

— Mais est-ce que son état est grave ?

— On ne peut encore se prononcer, mais je crois qu'elle a de bonnes chances de s'en tirer. C'est sa première attaque de ce type. »

L'ambulance partit, puis le Dr Dowes. Christopher se rendit compte que si Penny était morte sous le choc à la vue de Louise, cela ne l'aurait pas touché. Il était étrangement indifférent au fait qu'à cette minute précise elle oscillait entre la vie et la mort. Demain ils seraient tous de retour, Penny, morte ou vivante, le journaliste et le photographe ; et ils allaient prendre une photo de Louise. Mais comment Penny, (si elle survivait) expliquerait-elle l'effigie d'une jeune femme dans son jardin ? Christopher sourit nerveusement. Si Penny mourait, et même si elle ne mourait pas, il aurait toujours la possibilité de téléphoner au *Chronicle*, le journal d'Ipswich, et il leur dirait que, compte tenu des circonstances, comme sa femme avait subi un choc émotionnel à cause de cette publicité, il leur serait reconnaissant d'annuler la publication de l'article. Mais ce n'était pas cela qu'il voulait. Il voulait que la photo de Louise soit dans le journal. Ses enfants, Philip et Marjorie, se douteraient-ils de l'identité de Louise, et du rôle qu'elle avait joué ?

---

9. **he wouldn't have minded** : noter la construction de to mind. I don't mind, *ça m'est égal.* I wouldn't mind, *ça me serait égal.* He wouldn't have minded, *ça lui aurait été égal.*

10. **numb** [nʌm] : *engourdi, léthargique.*

11. **hovering** : to hover (pour un insecte, oiseau) *planer, se balancer ;* (pour une personne) *hésiter, balancer.*

12. **if Penny died** : après if, emploi du prétérite modal. If I had enough money, I would buy a house.

13. **such... strain** : noter : such a terrible thing et such strain, sans article, car il s'agit d'un mot abstrait.

14. **cancelled** : to cancel... an appointment, a flight, a meeting, *annuler un rendez-vous, un vol, une réunion.*

15. **identity** [ar'dentəti].

Christopher couldn't imagine how, as they had never heard Louise's name spoken[1], he thought, never seen that that photograph which Christopher had so cherished until Penny asked him to destroy it. As for what their friends and neighbours[2] thought, let them draw[3] their own[4] conclusions.

Christopher poured more tea for himself, removed Penny's unfinished cup from the living room, and carried his tea into his study.

He had work to do for the London office, and was supposed to telephone them[5] before five this afternoon.

At two o'clock, the telephone rang[6]. It was Dr Dowes.

"Good news," said the doctor. "She's going to pull through nicely. An infarction[7], and she'll have to lie[8] still[9] in hospital for at least ten days, but by tomorrow you can visit..."

Christopher felt depressed at the news, though he said the right things. When he hung up[10], in an awful limbo[11] between fantasy and reality, he told himself that he must let Marjorie know[12] about her mother right away, and ask her to ring Philip. Christopher did this.

"You sound awfully down[13], Dad," said Marjorie. "It could have been worse after all."

Again he said the proper things. Marjorie said she would ring her brother, and maybe both of them could come down on Sunday.

---

1. **spoken** : to speak : ici v. trans., *prononcer*. When he spoke these words, *quand il prononça ces mots.* To speak the truth, *dire la vérité.*
2. **neighbour** : on peut également trouver l'orthographe américaine : neighbor.
3. **let them draw** : impératif : « *qu'ils tirent...* »
4. **own** : ici adj. : this is my own house, *c'est ma maison, à moi ;* to be one's own master, *être son propre maître.*
5. **he was supposed to telephone them** : *il était censé leur téléphoner.* What am I supposed to do ? *que dois-je faire ? (qu'est-ce qu'on attend de moi que je fasse ?)*
6. **rang** : to ring, I rang, rang, *sonner.*
7. **infarction** : mot scientifique, *infarctus.* Nous avons

Christopher ne voyait pas comment : ils n'avaient jamais entendu prononcer le nom de Louise, à son avis, ils n'avaient jamais vu cette fameuse photo que Christopher avait gardée amoureusement jusqu'au moment où Penny avait demandé qu'il la détruise. Quant à ce que penseraient leurs amis et voisins, ils n'avaient qu'à tirer leurs propres conclusions.

Christopher se versa une autre tasse de thé, ôta du salon la tasse que Penny n'avait pas terminée et emporta la sienne dans son bureau.

Il avait du travail à faire pour son bureau de Londres et il devait leur téléphoner avant 5 heures cet après-midi.

A 2 heures, le téléphone sonna. C'était le Dr Dowes.

« Les nouvelles sont bonnes, dit le médecin ; elle va s'en tirer gentiment. C'est un infarctus, et il faudra qu'elle se repose à l'hôpital pendant dix jours au moins, mais dès demain, vous pourrez venir la voir... »

Cette nouvelle le déprima, mais il réussit à dire les paroles d'usage. Quand il eut raccroché, il se sentit dans un état second, flottant entre rêve et réalité. Il se dit pourtant qu'il fallait prévenir Marjorie immédiatement à propos de sa mère et lui demander d'appeler Philip ; ce qu'il fit.

« Papa, tu parais très démoralisé. Après tout, cela aurait pu être bien pire. »

Et là encore, il dit ce qu'il fallait dire. Marjorie assura qu'elle allait appeler son frère et qu'ils viendraient sans doute dimanche.

---

rencontré précédemment **heart attack**, d'utilisation populaire.

8. **to lie, I lay, lain** : être étendu.

9. **still** : c'est ici l'adj. qui signifie immobile, tranquille. On le retrouve dans les expr. **sit still**, restez tranquille. **To stand still**, ne pas bouger. **Still life**, nature morte.

10. **hung up** : étymologiquement « accrocher en haut ». Cette expr. date du moment où les téléphones étaient fixés au mur.

11. **limbo** ['limbəu] : 1) limbes 2) état vague et incertain.

12. **let Marjorie know** : faire savoir, prévenir. **Let them know I'll be late**, prévenez-les que je serai en retard.

13. **you sound awfully down** : you look depressed, tu as l'air déprimé (aspect). **You sound depressed**, tu as l'air déprimé (d'après le ton de la voix au téléphone).

By [1] four o'clock, Christopher was able to ring his office and speak with Hawkins about a strategy he had worked out [2] for a company client [3]. Hawkins gave him a word of praise for his suggestions, and didn't remark that Christopher sounded depressed, nor did [4] Christopher mention his wife.

Christopher did not ring the hospital or Dr Dowes the rest of that evening. Penny was coming back, that was the fact and the main [5] thing. How would he endure it ? How could he return the dummy — Louise — to the department store, as he had promised ?

He couldn't return [6] Louise, he simply couldn't. And Penny might tear her apart [7], once she regained the strength. Christopher poured a scotch, sipped [8] it neat [9], and felt that it did him a power of good [10]. Il helped him pull his thoughts together [11]. He went into his study and wrote a short letter to Jeremy Rogers, the window-dresser who had given him his card in the Bury St Edmunds store, saying that due to [12] circumstances beyond his control, he would not be able to return the borrowed mannikin personally, but it could be fetched at his address, and for the extra trouble he would forfeit [13] his deposit. He put this letter in the post box on the front gate.

Christopher's will [14] was in order. As for his children, they would be quite surprised, and to what could they attribute it ? Not to Penny's crisis, because she was on the mend [15]. Let Penny explain it to them, Christopher thought, and had another drink.

---

1. **by** : suggère une approximation (≠ at 4 o'clock).

2. **to work out** : *achever un travail.*

3. *client* se traduit par 1) **customers** quand il s'agit de produits de consommation (pour un épicier, un vendeur de matériel, etc.), 2) **clients** quand il s'agit de services (pour un avocat, un notaire, etc.), 3) **patrons** pour des clients réguliers, ayant une certaine importance.

4. **nor did Christopher** : and Christopher did not... either. Tournure emphatique pour accentuer la négation ; le verbe est inversé dans ce cas ; never shall we forget.

5. **main** : *principale.* The main point, *le point le plus important.* Cf. main street, *la rue principale.*

6. **return** : ▲ v. trans. qui signifie *rapporter, renvoyer un objet.*

Vers 4 heures, Christopher fut en état de téléphoner à son bureau et même d'exposer à Hawkins une stratégie qu'il avait élaborée pour un client. Hawkins le félicita de ses suggestions et ne fit aucune remarque sur sa voix éteinte ; Christopher ne parla pas de sa femme non plus.

Il n'appela ni l'hôpital ni le Dr Dowes ce jour-là. Penny allait sûrement revenir et c'était le plus important. Comment allait-il le supporter ? Comment aurait-il la force de rapporter le mannequin — Louise — au magasin, comme il l'avait promis ?

Il était incapable de rapporter Louise, totalement incapable. Et puis, une fois ses forces retrouvées Penny pourrait la mettre en pièces. Il se versa un scotch, le prit sec par petites gorgées, et sentit que cela lui faisait beaucoup de bien. Le scotch l'aidait à mettre de l'ordre dans ses pensées. Il alla dans son bureau et écrivit une courte lettre à Jérémy Rogers (c'était l'étalagiste qui lui avait donné sa carte au magasin de Bury St Edmunds), disant que par suite de circonstances indépendantes de sa volonté, il ne pouvait pas rapporter le mannequin personnellement, cependant on pouvait le faire prendre chez lui et en compensation de ce dérangement, il renonçait à sa caution. Il déposa sa lettre dans la boîte, à la grille de la maison.

Le testament de Christopher était à jour. Quant à ses enfants ils seraient assez surpris, mais à quoi donc pouvaient-ils imputer cela ? Pas à la crise cardiaque de Penny, puisqu'elle était en voie de guérison.

Christopher pensa qu'elle n'avait qu'à le leur expliquer et il prit un autre verre.

---

7. **tear her apart** : to tear, I tore, torn. To tear apart, *déchirer jusqu'à séparer les morceaux.*
8. **to sip** : *siroter, boire à petites gorgées.*
9. **neat** : 1) *propre, net ;* 2) (ici), *sans eau et sans glace.*
10. **a power of good** : expr. américaine pour a lot of good.
11. **pull his thoughts together** : « *rassembler ses pensées* ».
12. **due to** : *en raison de, compte tenu de.*
13. **forfeit** : *perdre par confiscation ;* fait toujours référence à ce qui pourrait faire l'objet d'un litige.
14. **will** : autre sens du mot will, *testament.*
15. **on the mend** : to mend, *réparer* (chaussures, appareils) ; on the mend, *en voie de guérison* (fam.).

Drink was part of his plan, and not being used to it, Christopher quickly felt its soothing[1] power. He went upstairs to the medicine chest[2] in the bathroom. Penny always had little sedatives[3], and maybe some big ones too. Christopher found four or five little glass jars that might suit[4] his purpose, some of them overaged, perhaps, but no matter. He swallowed six or eight pills, washed down with scotch and water, mindful to think of something else — his appearance — while he did this, lest[5] the thought of all the pills made him throw up.

In the downstairs hall looking-glass, Christopher combed[6] his hair, and then he put on[7] his best jacket, a rather new tweed, and went on taking pills with more scotch. He dropped the empty jars carelessly into the garbage[8]. The cat Flora looked at him in surprise when he lurched[9] against a sideboard and fell to one knee. Christopher got up again, and methodically fed[10] the cat. As for Jupiter, he could afford[11] to miss[12] a meal.

"M'wow," said Flora, as she always did, as a kind of thank-you before she fell to.

Then Christopher made his way[13], touching doorjambs, fairly crawling down the steps, to the garden path. He fell only once, before he reached his goal, and then he smiled. Louise though blurred[14] at the edges[15], sat with the same air of dignity and confidence.

---

1. **soothing** : *apaisant, lénifiant* ; to soothe, *calmer* (une douleur, les nerfs).
2. **chest** : désigne *un coffre* ; il peut être destiné à des usages divers : **a chest of drawers**, *une commode*, **medecine chest**, *armoire à pharmacie*.
3. **sedatives** : est employé dans la conversation courante pour *somnifère*. On peut dire également **sleeping pills**.
4. **suit** : (US) [suːt], (GB) [sjuːt]. **Does the time suit you ?** *est-ce que l'heure vous convient ?* **It suits me perfectly,** *cela me convient à merveille.* **That will suit your purpose,** *cela fera votre affaire.*
5. **lest** : *de peur que* + ind. en anglais. **Lest we forget,** *de peur que nous n'oubliions.*
6. **comb** : [kəum].
7. △ **put on** ≠ to take off.

60

Boire faisait partie de son plan et comme il n'y était pas habitué, il en ressentit rapidement les effets apaisants. Il monta jusqu'à l'armoire à pharmacie dans la salle de bains. Penny avait toujours des somnifères légers, et sans doute aussi de plus puissants. Christopher trouva quatre ou cinq flacons qui pouvaient servir son projet ; certains étaient peut-être périmés mais cela n'avait aucune importance. Il avala six ou sept pilules, les fit passer avec du scotch et de l'eau, s'appliquant à penser à autre chose en le faisant — son aspect extérieur par exemple — de peur que l'idée de toutes ces pilules ne le fasse vomir.

Devant le miroir du vestibule, en bas, il se coiffa, puis enfila sa plus jolie veste, une veste de tweed relativement neuve, et continua à avaler des pilules accompagnées de scotch. Il jeta négligemment les flacons vides dans les ordures. La chatte Flora le regarda, surprise, quand il heurta un buffet et tomba sur un genou. Il se releva et lui prépara méthodiquement sa nourriture. Quant à Jupiter, il pouvait se permettre de sauter un repas.

« Miaou », fit Flora en signe de remerciement, comme à son habitude, avant de commencer.

Puis Christopher, se cognant aux chambranles, se traînant tant bien que mal dans l'escalier se fraya un passage vers l'allée du jardin. Il ne tomba qu'une fois, avant d'atteindre son but ; et là il sourit. Louise, bien que ses contours lui parussent flous, était assise, avec la même expression de dignité et de confiance en soi.

---

8. **garbage** : mot américain. Anglais : **rubbish**, *ordures*.
9. **lurched** : to lurch, *faire une embardée* (navire, voiture), *vaciller, tituber* (personne).
10. **fed** : to feed, I fed, fed, *nourrir*.
11. **afford** : en général, *avoir les moyens* (financiers) *de ;* **he couldn't afford an expensive restaurant**, *il n'avait pas les moyens d'aller dans un restaurant cher.* Par extension, *se permettre quelque chose* (pour des raisons de santé ou psychologiques...)
12. **miss** : *manquer* (un train), *sauter* (un repas).
13. **to make one's way** : *se frayer un passage*.
14. **blurred** : *brouillé, estompé, flou* (le mot **blurred** souvent utilisé en photographie).
15. **edges** : *les rebords* (d'un col, par ex.), *les limites* (d'une propriété). ▲ l'expr. : **He's on edge to-day** : *il est à bout de nerfs*.

She was alive ! She smiled a welcome to him. "Louise," he said aloud, and with difficulty aimed[1] himself and plopped[2] on to the stone bench beside her. He touched her cool, firm hand, the one that was extended with fingers slightly parted. It was still[3] a *hand*, he thought. Just cool from the evening air, perhaps.

The next morning the photographer and the journalist found him slumped[4] sideways[5], stiff as the dummy, with his head in the navy blue lap[6].

---

1. **aimed** : aim indique un but ; to **aimed oneself**, *se diriger vers un but.*
2. **plopped** : onomatopée : *faire flac, tomber dans l'eau, s'affaler.*
3. **still** : (opposé à no longer, not yet) *encore ;* **he's still busy, he has not finished his work yet.**
4. **slumped** : terme imagé : *enfoncé* (dans un bourbier), *tombé lourdement.*
5. **sideways** : *de côté, latéralement.*
6. **lap** : *sein, giron.* **Madonna holding the child in her lap,** *Vierge tenant l'enfant dans son giron.*

Elle était vivante ! Elle avait pour lui un sourire de bienvenue. « Louise », dit-il à haute voix ; il s'orienta péniblement vers elle et se laissa choir sur le banc de pierre à ses côtés. Il toucha sa main fraîche et dure, celle qui était tendue, les doigts légèrement écartés. C'était encore une vraie main, se dit-il, juste un peu froide, à cause de l'air du soir, probablement.

Le matin suivant le photographe et le journaliste le retrouvèrent : il était affalé sur le côté, raide comme le mannequin, la tête dans le giron bleu marine.

The perfect alibi

Le parfait alibi

The crowd crept [1] like a sightless [2], mindless monster toward the subway entrance. Feet slid [3] forward [4] a few inches, stopped, slid forward again. Howard hated crowds. They made him panicky [5]. His finger was on the trigger, and for a few seconds he concentrated on not letting himself pull it [6], which he had an almost uncontrollable impulse to do.

He had ripped open [7] the bottom of his overcoat pocket, and he now held the gun in that pocket in his gloved hand. George's broad, short back was less than two feet in front of him, but there were a couple of people in between. Howard turned his shoulders and squeezed through [8] the space between a man and a woman jostling the man slightly.

Now he was right behind George [9], the front of his unbuttoned overcoat brushing the back of George's coat [10]. Howard leveled the gun in his pocket. A woman bumped against his right arm, but he kept his aim steady at the small [11] of George's back, kept his eyes straight ahead over George's felt hat. A wisp of George's cigar smoke came to Howard's nostrils, familiar and nauseating. The subway entrance was only a couple of yards away. Within the next five seconds [12], Howard told himself, and at the same time his left hand moved to push the right side of his overcoat back, made an incomplete movement, and a split [13] second later the gun fired.

A woman shrieked [14].

---

1. **crept** : to creep, I crept, crept, *ramper* (serpent, lierre).
2. **sightless** : le suffixe **less** après un subst. équivaut à *without* ; ex. : **helpless, useless, needless, hopeless**.
3. **slid** : to slide, I slid, slid, *glisser*. Ici *se mouvoir* sans vraiment quitter le sol.
4. **forward** : le suffixe **ward** (ou **wards**) sert à former des adv. comme **backward, westward, skyward** et signifie *en direction de*.
5. **panicky** : adj. (de to panick) ; « *le rendait plein d'une peur panique* ».
6. **on not letting himself pull it** : to concentrate on sth ou on doing sth, *concentrer son attention sur...* Noter 1) la place de la négation ; 2) la construction de **to let** avec un inf. sans **to** et un pron. compl. : **let me do it ; her father wouldn't let her go.**
7. **ripped open** : l'adj. **open** indique le résultat de l'action

66

La foule progressait lentement, tel un monstre aveugle et sans âme, vers la bouche de métro. Des pieds avançaient de quelques centimètres, s'arrêtaient, puis repartaient. Howard détestait les foules. Elles le remplissaient d'une peur panique. Il avait le doigt sur la détente, et pendant quelques secondes il dut faire un effort de concentration pour ne pas la presser alors qu'il en ressentait une envie irrésistible.

Il avait déchiré le bas de la poche de son manteau, et maintenant il tenait le revolver de sa main gantée. Le dos large et trapu de Georges était à moins de cinquante centimètres devant, mais séparé de lui par deux personnes. Howard, d'un mouvement d'épaules, se glissa entre une femme et un homme qu'il bouscula légèrement.

Maintenant il était juste derrière Georges, et les vêtements des deux hommes se touchaient. Howard redressa le revolver dans sa poche. Une femme heurta son bras droit, mais il garda solidement l'arme braquée sur le creux des reins de Georges, le regard toujours fixé droit devant lui, sur son chapeau de feutre ; une bouffée de son cigare parvenait aux narines d'Howard, odeur à la fois écœurante et familière. La bouche de métro n'était qu'à deux mètres. Dans cinq secondes, se dit Howard ; sa main gauche repoussa légèrement le pan droit de son manteau, il esquissa un mouvement, et une fraction de seconde plus tard le coup de feu partit.

Une femme hurla.

---

et **ripped** la façon dont le résultat est obtenu ; donc : *ouvrir en le déchirant.*

8. **squeezed through :** « *traverser en exerçant une pression* ».

9. **right behind George** (ou **just behind George**) : *juste derrière George* ; ici adv. ; cf. **right across, along, away, back, in, off, on,** etc.

10. **the front of his unbuttoned overcoat brushing the back of George's coat :** « *le devant de son manteau déboutonné effleurant le dos du manteau de George* ».

11. **the small :** (subst.) *la partie la plus étroite* (ici du dos) ; **the small of the leg,** *le bas de la jambe.*

12. **within the next five seconds :** *dans,* ou *dans moins de* ; cf. **within 5 miles,** *à 5 miles, ou moins.* S'emploie pour la distance ou le temps.

13. **split :** to split, I split, split, *fendre en deux.*

14. **shrieked :** to shriek : indique un cri perçant et aigu.

Howard dropped the gun through the open pocket.

The crowd had recoiled from the gun's explosion, sweeping [1] Howard back with them. A few people lurched [2] in front of him, but for an instant he saw George in a little clear spot [3] on the sidewalk [4], lying on his side, the thin, half-smoked cigar still gripped in his teeth which Howard saw bared [5], then covered by his relaxing mouth.

"He's shot [6]!" someone screamed [7].

"Who ?"

"Where ?"

The crowd surged forward [8] with a roar of curiosity and Howard was carried almost to where George was sprawled.

"Stand back ! You'll trample on him !" a man's voice shouted.

Howard sidled free of the crowd [9] and went down the subway steps. The roar of voices on the sidewalk was replaced suddenly by the droning roar [10] of an incoming train [11]. Howard mechanically got out some change and bought a token [12]. No one around him seemed aware that a dead man was lying at the top of the stairs. Couldn't he use another exit and go up and get his car ? He had parked his car hastily on Thirty-fifth Street [13], near Broadway. No, he just might [14] run into someone who had seen him near George in the crowd. Howard was very tall. He felt conspicuous [15]. He could pick up the car a little later. He looked at his watch. Exactly 5:54.

---

1. **sweeping** : to sweep, I swept, swept : litt., *balayer*.
2. **lurched** : pour un bateau, *tanguer* ; ici mouvement de foule rendant cette impression de vague, de flot humain.
3. **in a clear spot** : « *dans un endroit dégagé* » ; en fait il n'est dégagé que pendant un instant, puis la foule reflue.
4. **sidewalk** : est le mot US pour *trottoir*. (GB) **pavement**.
5. **bared** : *découvertes, dénudées*.
6. **he's shot** : pour **he has been shot**. Langage parlé ; **shot** est employé comme un adj.
7. **screamed** : to scream, *crier* (fort avec un sentiment d'effroi).
8. **surged forward** : c'est le verbe to surge qui traduit l'idée de flot ; évoque un bateau (*monte sur la vague*).

Howard laissa tomber son arme à travers sa poche décousue.

Au coup de feu la foule avait reflué, entraînant Howard avec elle. Devant lui quelques personnes formaient un rideau mouvant, mais l'espace d'un instant il put apercevoir Georges gisant sur le trottoir, son mince cigare à demi consumé entre des dents bien visibles avant que la bouche ne se fermât définitivement.

« Il a été abattu, cria quelqu'un.

— Qui ?...Où ?... »

Le flot humain s'avança avec un rugissement de curiosité et entraîna Howard tout contre le corps étendu de Georges.

« Reculez ! Vous allez le piétiner ! » cria une voix d'homme.

Howard se libéra de la foule et descendit les marches du métro. Les cris sur le trottoir firent place brutalement au grondement de la rame qui entrait en gare. Machinalement, Howard sortit de la monnaie pour acheter un billet. Personne autour de lui ne semblait se rendre compte qu'un homme mort gisait au sommet des marches. Ne pouvait-il utiliser une autre sortie et reprendre sa voiture ? Il l'avait hâtivement garée dans la 35e Rue, près de Broadway. Non, il risquait de tomber sur une personne qui l'aurait vu dans la foule, près de Georges. Howard était très grand. Il sentait qu'on aurait pu facilement le remarquer. Il pouvait ne reprendre sa voiture qu'un peu plus tard. Il jeta un coup d'œil à sa montre. Il était exactement 17 heures 44.

---

9. **sidled free of the crowd :** to sidle (de side) « *alla sur le côté pour se libérer de la foule* ».

10. **droning roar :** « *rugissement bourdonnant* » ; l'auteur juxtapose le bruit du lion et du bourdon.

11. **incoming train :** incoming, *qui entre.* The incoming train, *le train qui arrive* ≠ the outgoing train, *le train en partance.*

12. **token :** (subst.) sens habituel : *un signe, une marque* ; (ici) *un jeton* (pour transports en commun).

13. **35th street :** aux USA, dans les grandes villes, les rues n'ont pas de nom mais un numéro ; à New York particulièrement, les avenues traversant Manhattan vont du nord au sud, tandis que les rues, croisant les avenues, vont de l'est à l'ouest. (Les numéros des rues vont croissant du sud au nord, ceux des avenues de l'est à l'ouest.)

14. « *il se pourrait que* ».

15. **conspicuous :** « *visible, évident.* »

He crossed the station and got on an uptown train[1]. His cars were sensitive[2] to noise, and ordinarily the subway screech of steel on steel was an intolerable torture to him ; but now, as he stood holding on to a strap[3], he was oblivious of[4] the din and grateful for the unconcern[5] of the newspaper-reading passengers around him. His right hand, still in his overcoat pocket, groped automatically for the bottom of the pocket. He must sew[6] that up tonight, he reminded himself[7]. He glanced[8] down at the front of his coat and saw with a shock, almost like a pain[9], that the bullet had made a hole in the coat. Quickly he pulled out his right hand and placed it over the hole, all the while[10] staring[11] at the advertisement[12] placard in front of him.

He frowned intently, going over the whole thing again, trying to see if he had made a mistake anywhere. He had left the store a little earlier than usual[13] — at 5:15 — in order to be at Thirty-fourth Street by 5:30, when George always left his shop. Mr Luther, Howard's boss, had said, "Finished early today, eh, Howard ?" But it had happened a few times before, and Mr Luther wouldn't think anything about it[14]. And he had wiped the gun inside and out, had even wiped the bullets. He had bought the gun about five weeks ago in Bennington, Vermont, and he had not had to give his name when he bought it. He had not been to Bennington[15] before or since.

---

1. **an uptown train** : downtown, *centre ville ;* uptown, *la périphérie de la ville.*
2. **sensitive** : *sensible ;* ▲ **sensible**, *sensé, raisonnable.* He's a very sensible fellow, *c'est un garçon très avisé.*
3. **strap** : *lanière de cuir, courroie.*
4. **oblivious of** : « *oublieux de* » ; *le mot* forgetful *implique l'oubli mais avec l'idée de négligence.*
5. **unconcern** : concern, *intérêt pour.* He didn't show much concern about it, *il n'accorda pas beaucoup d'intérêt à la chose ;* ≠ unconcern, *indifférence.*
6. **to sew** : [səʊ] sewed [səʊd], sewn [səʊn], *coudre.*
7. **he reminded himself** : to remind sbd of sth, *rappeler qqch à qqn.*
8. **he glanced** : to glance, *jeter un regard rapide.*
9. **a pain** : *une douleur.* I have a pain in my back, *j'ai une douleur dans le dos.*

Il traversa le quai et monta dans une rame qui l'éloignait du centre-ville. Il était très sensible au bruit et habituellement le grincement du métro, acier contre acier, exerçait une véritable torture sur ses oreilles. Mais maintenant, accroché à une poignée, il oubliait le vacarme et se sentait rassuré par l'indifférence des passagers, qui, autour de lui, lisaient leur journal. Sa main droite, encore enfoncée dans la poche, en tâta machinalement le fond. Il faudrait la recoudre ce soir, se dit-il. Il jeta un coup d'œil à son manteau et s'aperçut, avec un choc presque douloureux, que la balle y avait laissé un trou. Rapidement il sortit la main droite de sa poche pour la placer sur le trou tout en ne quittant pas des yeux le placard publicitaire qui lui faisait face.

Fronçant les sourcils, il se concentra pour passer en revue tous les événements, essayant de voir si une faute avait été commise : il avait quitté le magasin un peu plus tôt que d'habitude, à 17 heures 15, pour arriver à la 34e Rue à 17 heures 30, à l'heure où Georges quittait toujours le sien. Le patron d'Howard, Mr Luther, lui avait dit : « Vous partez tôt aujourd'hui, Howard ! » Mais cela lui arrivait quelquefois et Mr Luther n'en tirerait aucune conclusion. Il avait soigneusement essuyé l'extérieur et l'intérieur du revolver et avait même essuyé les balles. Il avait acheté ce revolver environ cinq semaines auparavant à Bennington, dans le Vermont, sans avoir à décliner son identité. C'était la première fois qu'il allait à Bennington et n'y était jamais retourné depuis.

---

10. **all the while** : *tout le temps*. While est ici subst. : a long while, a short while, *un long, un court instant ;* after a little while, *après un court moment.*

11. **staring** : to stare, *regarder fixement.*

12. **advertisement** : [əd'vɜːtɪsmənt] subst., *publicité ;* to advertise ['ædvətaɪz] *faire de la publicité.*

13. **earlier than usual** : usual prend une valeur d'adv. dans les expr. as usual, *comme d'habitude ;* later than usual, *plus tard que d'habitude.*

14. **would'nt think anything about it** : « *n'en pensait rien de spécial* ».

15. **he hadn't been to Bennington** : ▲ He has gone to Paris, *il est allé à Paris ;* he has been to Paris, *il est allé à Paris* (et il en est revenu).

71

He thought it was really impossible that the police could ever trace [1] the gun.

And nobody had seen him fire the shot — he was sure of that. He had glanced around before he went into the subway, and nobody had been looking at him.

Howard had meant [2] to ride [3] uptown for a few stations, then go back downtown and get his car ; but now he thought he should dispose of [4] the coat first. Too dangerous to try to get a hole like this rewoven [5]. It didn't look like a cigarette burn — it looked just like what it was. He'd have to hurry. His car was within three blocks [6] of where he had shot George. He'd be [7] questioned [8] tonight, probably, about George Frizell, because the police would certainly question Mary, and if she didn't mention his name, their landladies [9] — hers and George's — would. George had so few [10] friends.

He thought of pushing the coat into some wastepaper bin [11] in a subway [12] station. But too many people would notice that. In an ashcan [13] on the street ? That too seemed conspicuous — after all, it was a fairly new coat. No, he'd have to go home and get something to wrap [14] it in before he could throw it away.

He got out at the Seventy-second Street station. He lived in a small ground-floor apartment [15] in a brownstone building on West Seventy-first Street, near West End Avenue.

---

1. **trace** : *suivre la trace, la piste de qqch ou de qqn.*
2. **had meant** : to mean, I meant, meant + inf., *avoir l'intention de.* I meant to tell you about it, *j'avais l'intention de vous en parler.*
3. **to ride** : *circuler, se promener* (à cheval, à bicyclette, en voiture).
4. **to dispose of sth** : *se débarrasser de qqch ;* ▲ syn. : to get rid of something.
5. **to get a hole like this rewoven** : rewoven : p. p. de to weave, I wove, woven, *tisser,* donc ici *stopper.* Cf. to have a house built, *faire construire une maison.*
6. **within three blocks** : « *à moins de 3 blocs* ». Aux USA, on exprime le plus souvent la distance dans une ville, par le nombre de **blocks** : « *pâtés de maisons* ».
7. **he'd be** = he would be.

Il lui semblait impossible que la police puisse retrouver l'origine de l'arme.

Personne ne l'avait vu faire feu, il en était absolument certain ; et au moment d'entrer dans le métro, il s'était assuré d'un coup d'œil que personne ne faisait attention à lui.

Howard avait l'intention de s'éloigner de quelques stations du centre-ville avant d'y retourner pour reprendre sa voiture. Mais maintenant il pensait qu'il devait en priorité se débarrasser du manteau.

Il serait trop dangereux de faire stopper le trou ; il ne ressemblait pas à une brûlure de cigarette ; en fait, il ressemblait à ce qu'il était réellement. Il devait se presser. Sa voiture était à quelques pâtés de maisons de l'endroit où il avait abattu Georges. Il serait interrogé probablement dans la nuit au sujet de Georges Frizell, car la police interrogerait certainement Mary, et même si elle ne mentionnait pas son nom, sa logeuse ou celle de Georges le ferait. Georges avait si peu d'amis !

Il pensa bien à glisser son manteau dans une des poubelles d'une station de métro. Mais trop de gens le remarqueraient. Une poubelle dans la rue ? L'objection était la même, d'autant que son manteau était presque neuf. Non, mieux valait revenir à son domicile pour en faire un paquet avant de le jeter.

Il descendit à la 72ᵉ Rue. Il occupait un appartement au rez-de-chaussée d'un immeuble de pierre brune, à la 71ᵉ Rue Ouest, près de West End Avenue.

---

8. **questioned :** ▲ to question, *interroger* (pour une enquête) ; *poser des questions* (sans intention particulière) : to ask questions.

9. **their landladies :** the landlord, *le propriétaire.* **The landlady,** *la propriétaire.*

10. **few :** ▲ a few, *quelques ;* few, *peu de.*

11. **waste paper bin :** *corbeille à papier* (de rebut) ; **waste water,** *eau ménagère.* **Waste print,** *déchets d'imprimés.* **Waste gas,** *gaz perdu.*

12. **subway** (US) *métro ;* (GB) **underground, railway, tube.**

13. **ashcan :** (US) *boîte* **(can)** *à cendres* **(ash),** *poubelle.*

14. **to wrap :** *envelopper.*

15. **apartment :** (US) ; **flat** (GB).

Howard saw no one when he entered, which was good because he could say, if he were questioned about it, that he had come home at 5:30 or so instead of nearly 6:00. As soon as he entered his apartment [1] and turned on [2] the light, Howard knew what he would do with the coat ; burn it in the fireplace. That was the safest [3] thing to do.

He raked some change [4] and a flattened pack of cigarettes out of the left pocket of the coat, took the coat off [5], and flung [6] it on the sofa. Then he picked up his telephone and dialed [7] Mary's number.

She answered on the third ring.

"Hello, Mary," he said. "Hello, darling. It's done."

A second's hesitation [8]. "Done ? *Really*, Howard ? You're not —"

No, he wasn't joking. He didn't know what else to say to her, what else he dared say [9] to her over the phone. "I love you. Take care of yourself, darling," he said, absently.

"Oh, Howard !" She was starting to cry.

"Mary, the police will probably talk to you. Maybe in just a few minutes." He squeezed the telephone, wanting to put his arms around her, to kiss her cheeks that would be wet with tears now. "Don't mention me, darling — just *don't*, whatever [10] they ask you. I've got some things to do yet and I've got to hurry. If your landlady mentions me, don't worry about it, I can handle [11] it — but don't you do it first [12]. Understand ?"

---

1. **entered his apartment** : ▲ to enter est transitif.
2. **turned on** : to turn on, *allumer* ≠ to turn off, *éteindre* ; ou switch on ≠ to switch off. Noter l'expr. très actuelle : it turns me on, *ça me branche*.
3. **safest** : sup. de safe, *à l'abri, en sécurité*. A **safe place**, *un endroit sûr*.
4. **change** : *monnaie* ; ▲ money, *argent*. Do you have any change ? *Avez-vous de la monnaie ?*
5. **took the coat off** : to take off ≠ to put on (*enlever* ≠ *mettre un vêtement*).
6. **flung** : to fling, I flung, flung, *jeter* (violemment).
7. **dialed** : a dial, *un cadran* ; to dial a number, *composer un numéro de téléphone*. (GB) **dialled**.
8. **a second's hesitation** : en dehors de la notion de possession (**Jane's hat**) on emploie le génitif saxon quand il

74

Howard ne vit personne en entrant chez lui, ce qui lui parut de bon augure, car il pourrait toujours affirmer lors d'un interrogatoire qu'il était rentré à 17 heures 30 environ alors qu'il était en fait presque 18 heures. Aussitôt à l'intérieur, la lumière allumée, il sut ce qu'il allait faire du manteau : le brûler dans la cheminée ; c'était la solution la plus sûre.

Il retira de la poche gauche de son manteau la menue monnaie et un paquet de cigarettes tout aplati, il l'ôta et le jeta sur le canapé. Ensuite il décrocha le téléphone pour composer le numéro de Mary.

Elle répondit à la troisième sonnerie.

« Allô, Mary, dit-il. Allô, chérie. C'est fait.

Une seconde d'hésitation.

— Fait ? Vraiment, Howard ? Tu ne... »

Non, il ne plaisantait pas. Il ne voyait rien d'autre à lui dire, n'osait rien dire d'autre au téléphone.

— Je t'aime. Prends bien soin de toi, chérie, dit-il d'un ton un peu absent.

— Oh Howard ! » Elle était sur le point de pleurer.

— Mary, la police viendra t'interroger. Peut-être même dans quelques minutes. » Il serra dans sa main le téléphone, plein du désir d'enlacer Mary dans ses bras, d'embrasser ses joues qui devaient maintenant être inondées de larmes. « Ne parle pas de moi, chérie, surtout pas !, quelles que soient les questions qu'ils te poseront. J'ai des problèmes à régler d'abord, et je dois me hâter. Si ta logeuse cite mon nom, ne t'en soucie pas, j'en fais mon affaire, mais ne parle surtout pas de moi la première. Tu as compris ? »

---

s'agit de temps ou de distance. Ex : **a week's holiday**, *un congé d'une semaine.*

9. **he dared say : dare,** *oser* est un semi-défectif (comme **need**) et comporte des contructions différentes. ▲On peut trouver également : **he dared to say.**

10. **whatever : ever,** en composition marque l'éventualité ; **whatever you do,** *quoi que vous fassiez* ; **whatever happens,** *quoi qu'il arrive.* **Whoever** ou **whosoever** : *qui que ce soit qui* ; **however,** *de qq façon que* ; **wherever,** *chaque fois que.*

11. **handle :** dans **to handle,** *manier,* il y a **hand,** *la main* ; par extension, *s'occuper de qqch, maîtriser.* **To handle a situation,** *prendre en main une situation.*

12. **don't you do it first :** langue parlée (marquant l'insistance) ; la forme correcte serait **don't do it first.**

He was aware that he was talking to her again as if she were [1] a child, and that it wasn't good for her ; but it wasn't the right time to be thinking of [2] what was good for her and what wasn't. "Do you understand, Mary ?"

"Yes," she said, her voice thin.

"Don't be crying [3] when the police come in [4], Mary. Wash your face. You've got to pull yourself [5] —" He stopped. "Go out to a movie [6], honey. Will you ? Go out now before the police come !"

"All right."

"Promise me !"

"All right."

He hung up and strode [7] to the fireplace. He crumpled some newspaper, laid [8] some kindling [9] across it, and struck a match. He was glad now that he had bought a supply [10] of wood and kindling for Mary, glad that Mary liked fires, because he'd lived here for months before he met Mary and never thought of having a fire.

Mary lived directly across [11] from George, on West Eighteenth Street [12]. The police would logically go to George's house the first thing [13] and question his landlady — because George had lived alone and there'd be nobody else there to question. George's landlady — Howard remembered his few glimpses [14] of her as she leaned out the window last summer, thin, gray-haired, prying [15] with a hideous intensity into what everybody in her house was doing...

---

1. **as if she were** : subj. de to be (were a toutes les personnes) après if.
2. **to be thinking of** : la forme progressive implique la durée, il ne s'agit pas d'une idée, mais d'une longue réflexion.
3. **don't be crying** : « ne sois pas en train de pleurer ».
4. **come in** : le verbe est au pl. car le mot **police** est un collectif comme **army ; when the army get their pay**.
5. **pull yourself** : la phrase complète serait « **pull yourself together** », *ressaisissez-vous.*
6. **a movie** : langage parlé ; U.S. (par analogie avec to go a **show**), *aller au cinéma,* se traduit aux USA par to go to the movies, to the cinema.
7. **strode** : to stride, I strode, stridden, *marcher à grands pas.*

Il se rendait compte qu'il lui parlait de nouveau comme à un enfant, ce qui n'était pas une très bonne chose ; mais ce n'était vraiment pas le moment de penser à la bonne ou la mauvaise façon de lui parler. « Tu as bien compris, Mary ?

— Oui, dit-elle d'une petite voix.

— Il ne faut pas que tu sois en larmes quand la police arrivera, Mary ! Lave-toi le visage. Il faut te ressaisir. (Il se tut.) Va au cinéma, mon petit chou. Veux-tu ? Sors avant l'arrivée de la police !

— D'accord.

— Promets-le moi.

— D'accord. »

Il raccrocha et se dirigea vers la cheminée ; il froissa quelques journaux, mit du petit bois et frotta une allumette. Il était heureux d'avoir acheté une provision de bûches et de petit bois pour Mary qui aimait beaucoup les feux de cheminée ; il vivait déjà là depuis plusieurs mois quand il avait rencontré Mary et n'avait jamais songé auparavant à allumer un feu.

Mary vivait en face de chez Georges dans la 18ᵉ Rue Ouest. Logiquement la police irait en premier au domicile de Georges, questionner sa logeuse, car il vivait seul et il n'y avait là personne d'autre à interroger. Il se souvenait d'avoir vu la logeuse l'été précédent, penchée à sa fenêtre ; elle était maigre, les cheveux gris et elle épiait tout ce qui se passait dans sa maison avec une curiosité répugnante...

---

8. **laid** : to lay, I laid, laid, *poser.*
9. **kindling** : de to kindle, *allumer ;* kindling wood, ou même kindling aux USA : *petit-bois.*
10. **a supply** : plus souvent au pl. **We need more supplies of paint,** *il nous faut davantage de peinture.*
11. **across** : pour accross the street, *de l'autre côté de la rue, en face.*
12. **on West Eighteenth Street** : la partie ouest de la 18ᵉ rue ; une rue se divise en deux parties, **West** et **East** par rapport à un axe nord-sud constitué par la 5ᵉ avenue ; cf. note 13, p. 69.
13. **the first thing** : familier pour first.
14. **glimpses** : *visions momentanées.*
15. **prying** : to pry, pried, pried, (part. prés. : prying), *regarder avec des yeux indiscrets.* To pry into, *fureter ;* to pry (about) in the cupboards, *fureter dans les armoires.*

Undoubtedly she would tell the police that there was a girl across the street whom Mr Frizell spent a lot of time with[1]. Howard only hoped that the landlady wouldn't mention him right off[2], because she was bound to have guessed[3] that the young man with the car who came to see Mary so often was her boy friend, bound to have suspected a jealousy between him and George. But maybe she wouldn't mention him.

And maybe Mary would be out of the house by the time the police came.

For a moment he paused, tensely, in the act[4] of putting more wood on the fire. He was trying to imagine exactly what Mary was feeling now, having just learned[5] that George Frizell was dead. He was trying to feel it himself[6], so that he could predict her behavior[7], so that[8] he would be better able to comfort her. *Comfort her* ! He had freed[9] her of a monster ! She ought to[10] be rejoicing. But he knew she would be shattered[11] at first. She had known George since she was a child. George had been her father's best friend — but how differently George must have behaved[12] with another man, Howard could guess ; and when her father had died, George, a bachelor[13], had taken Mary over as if he had been her father. But with the difference that he controlled every move she made, convinced her that she couldn't do a thing without him, convinced her that she shouldn't marry anybody he disapproved of[14]. Which was everybody. Howard, for instance.

---

1. **whom... with** : noter le rejet de la préposition.
2. **right off** : ou right away, *immédiatement*.
3. **bound to have guessed** (de to bind, I bound, bound) : 1) *tenir, obliger, forcer* ; 2) marque une logique interne ; he's bound to come, *il viendra nécessairement, il ne peut pas manquer de venir*. It's bound to happen, *c'est fatal*.
4. **he paused... in the act** : « il fit une pause dans l'acte qui consistait à mettre du bois. »
5. **having just learned** : just + present perfect, *venir de*. I've just finished, *je viens de terminer*.
6. **to feel it himself** : « *de le ressentir lui-même* ».
7. **behavior** : orth. US de **behaviour** : *comportement* (cf. le béhaviorisme : psychologie qui se basait sur le comportement, mouvement philosophique du début du siècle).

A n'en point douter, elle dirait que de l'autre côté de la rue vivait une jeune fille chez qui Georges Frizell passait une bonne partie de son temps. Howard ne pouvait qu'espérer qu'elle ne parlerait pas d'emblée de lui, mais elle avait forcément deviné que le jeune homme à la voiture qui venait si souvent voir Mary était son petit ami et elle avait forcément suspecté l'existence d'une jalousie entre Georges et lui. Mais, après tout, peut-être ne ferait-elle pas allusion à lui.

Et peut-être Mary serait-elle déjà sortie à l'arrivée de la police ?

Il fit une pause d'un instant dans un état de grande tension, cessant d'alimenter le feu. Il tenta de s'imaginer les sentiments de Mary à l'annonce de la mort de Georges Frizell. Il essaya de se mettre à sa place, de prévoir ses réactions de façon à mieux la consoler. *La consoler !* Alors qu'il l'avait libérée d'un monstre ; elle devrait plutôt se réjouir. Mais il savait bien qu'en un premier temps elle serait bouleversée. Elle connaissait Georges depuis qu'elle était enfant. Il avait été le meilleur ami de son père, (mais Howard pressentait à quel point Georges devait se comporter différemment avec un autre homme) et quand son père disparut, Mary fut prise sous l'aile de Georges, qui était célibataire, et qui se comporta en père. Mais à la différence près qu'il contrôlait chacun de ses mouvements, et qu'il l'avait convaincue qu'elle ne devait rien faire sans lui, ni épouser quelqu'un qui ne lui plairait pas, c'est-à-dire tous les hommes, Howard entre autres.

---

8. **so that** : de telle sorte que, de façon que.

9. **freed** : to free, freed, freed, *libérer*.

10. **she ought to** = should, *devrait.* You ought to work harder, *vous devriez travailler davantage.* Should s'emploie dans les mêmes cas mais **ought to** insiste *un peu plus sur la nécessité morale ;* ou exprime un conseil amical : **you ought to be pleased** : *tu devrais être contente.*

11. **shattered** : au sens propre, *brisé en éclats* (verre) ; au sens figuré, *détraqué, ébranlé.*

12. **behaved** : to behave, *se comporter.*

13. **George, a bachelor** : emploi obligatoire de l'article.

14. **he disapproved of** : to disapprove of something, *désapprouver quelque chose.* She disapproves of her son in law, *son gendre n'est pas à son goût.*

Mary had told him that there had been two other young men whom George had thrust out of[1] her life.

But Howard hadn't been thrust out. He hadn't fallen for[2] George's lies about Mary's being sick, Mary's being too tired to go out or to see anybody. George had actually[3] called him up several times and tried to break their dates[4] — but he had gone down to her house and gotten[5] her, many evenings, in spite of her terror of George's anger.

Mary was twenty-three, but George had kept her a child[6]. Mary had to have George along[7] even to buy a new dress. Howard had never seen anything like it in his life. It was like a bad dream, or something in a fantastic story that was too incredible to believe. Howard had supposed that George was in love with her[8] in some strange way, and he had asked Mary about this shortly after he had met her, and she had said, "Oh, no ! Why[9] he never even touches me !" And it was quite[10] true that George never even touched her. Once, while they were saying goodbye, George had bumped her shoulder and had jumped back as if he had been burned, saying, "Excuse me !" It was very strange.

Yet it was as if George had locked Mary's mind away[11] somehow — like a prisoner of his own mind, as if she had no mind of her own[12]. Howard couldn't put it into words.

---

1. **thrust out of her life** : *faire sortir* (out) *de sa vie en le poussant avec force.*
2. **to fall for** : *être dupe de.* Syn. : **to be taken in.**
3. **actually** : ▲ ne signifie pas *actuellement* mais *réellement.*
4. **date** : ▲ (US) 1) *rendez-vous* (pour des jeunes gens) ; 2) la personne que l'on fréquente régulièrement. **To date s.o** : *sortir avec qqn.*
5. **gotten** : to get, got, got ou gotten aux USA (on le retrouve en anglais dans forgotten).
6. **had kept her a child** : « *l'avait maintenue enfant.* »
7. **to have George along** : can you come along to..., *peux-tu m'accompagner.* **Let's go along to the cinema**, *allons ensemble au cinéma.*
8. **was in love with her** : to be in love with somebody, *être amoureux de quelqu'un.*

Mary lui avait confié qu'avant lui, Georges avait écarté deux hommes de sa vie.

Mais Howard, lui, n'avait pas été écarté. Il n'avait pas cru aux mensonges de Georges, lorsqu'il racontait que Mary était malade, qu'elle était trop fatiguée pour sortir ou rencontrer quiconque. De fait, Georges n'avait pas hésité, à plusieurs reprises, à lui téléphoner pour essayer d'annuler leurs rendez-vous, ce qui n'avait pas empêché Howard de se rendre au domicile de Mary et de passer la soirée avec elle, bien qu'elle tremblât à l'idée de la colère de Georges.

Mary avait vingt-trois ans, mais Georges l'avait empêchée de devenir adulte. Elle devait se faire accompagner par lui pour acheter une nouvelle robe. Howard n'avait jamais de sa vie vu une chose pareille. C'était vraiment comme un mauvais rêve, ou bien un conte fantastique par trop incroyable. Howard avait imaginé que, d'une étrange façon, Georges était amoureux d'elle, et il avait interrogé Mary sur ce point peu après leur première rencontre. « Certainement pas, avait-elle répliqué. Il évite même tout contact physique avec moi. » Et c'était vrai ; une fois, alors qu'ils se disaient au revoir, Georges avait heurté l'épaule de Mary, et il s'était brusquement reculé, comme sous l'effet d'une brûlure, disant : « Excuse-moi ». C'était vraiment très curieux.

Cependant, tout se passait comme si, d'une certaine façon, Georges avait enfermé l'esprit de Mary, comme si, prisonnière de son esprit à lui, elle avait perdu le sien propre. Howard n'arrivait pas à traduire cette impression en mots.

---

9. **why** : (en début de phrase à la forme affirmative) *eh bien...*
10. **quite** : selon le contexte, **quite** signifie : 1) *tout à fait* (ce qui est le cas ici) ; **he doesn't feel quite well**, *il ne se sent pas tout à fait bien.* 2) *assez... jusqu'à un certain point.* **She's quite pretty** ; *elle est assez jolie.* **It's quite a good book**, *c'est un assez bon livre.*
11. **locked... away** : to lock, *enfermer à clef ;* away, *rangé.* **She locked her jewels away in a safe place**, *elle a enfermé ses bijoux en lieu sûr.*
12. **of her own** : own, adj. ; **her own money**, *son propre argent ;* **my own, his own**, *le mien, le sien.* **I have money of my own**, *j'ai de l'argent à moi.* **He has nothing of his own**, *il n'a rien à lui.*

Mary had soft, dark eyes that looked tragically, hopelessly [1] sad, and it made him fighting mad [2] to look at them sometimes, mad enough to fight back at [3] the person who had done that to her. The person was George Frizell. Howard could never forget the look George had given him when Mary had introduced them, a superior, smiling, knowing look that had seemed to say, "You can try. I know what you're trying. But, you won't get [4] very far."

George Frizell had been a short swarthy [5] man with a heavy jaw and heavy black eyebrows.

He had a little shop on West Thirty-sixth Street where he specialized in [6] chair repairs [7], but it seemed to Howard that he had had [8] no other interest in life but [9] Mary. When he was with her, he concentrated on her alone, as if he were exerting some hypnotic power over her, and Mary behaved as if she were hypnotized [10]. She wasn't herself around George. She was always looking at him, looking back over her shoulder [11] at him to see if he approved of [12] whatever she was doing, even if it were only getting some chops out of the oven.

Mary loved George and hated him at the same time. Howard had been able to [13] make her hate George — up to a point, and then she would suddenly start defending him [14] again. "But George was so kind to me after my father died, when I was all alone, Howard," Mary would [15] protest.

---

1. **hopelessly** : less, suffixe signifie *sans*. Cf. helpless, useless, needless, hopeless ; *sans espoir ;* hopelessly, *désespérément*.
2. **fighting mad** : « *fou jusqu'à se battre.* »
3. **at** : cette prép. marque souvent l'agressivité.
4. **get** : est employé ici au sens d'*arriver*. We aren't getting anywhere, *cela ne nous mène à rien*.
5. **swarthy** : (teint) *basané, bistre, noiraud*.
6. **he specialized in** : noter la préposition.
7. **chair repairs** : le compl. de nom, quand il est placé avant le nom, ne se met jamais au pluriel.
8. **he had had** : present perfect de to have ; le second est un p.p.
9. **but** : ici *excepté*. There was nothing but water, *il n'y avait que de l'eau*. He took everything but that, *il a tout*

Mary avait des yeux doux et noirs, avec un regard tragique, d'une tristesse désespérée qui le rendait parfois fou de rage et le poussait à lutter contre le responsable de cette situation. Et le responsable était Georges Frizell. Howard n'oublierait jamais le regard que Georges lui avait lancé quand Mary les avait présentés, un regard supérieur, moqueur, le regard de quelqu'un qui en sait long et qui semblait lui dire : « Tu peux essayer. Je sais ce que tu mijotes, mais tu n'iras pas bien loin ! »

Georges était un homme trapu, basané, avec une mâchoire lourde et d'épais sourcils noirs.

Il tenait une boutique spécialisée dans la réparation des chaises à la 34ᵉ Rue Ouest, mais pour Howard, il paraissait n'avoir d'autre centre d'intérêt dans la vie que Mary. Quand ils étaient ensemble, il s'occupait d'elle exclusivement comme s'il voulait l'hypnotiser ; et Mary se comportait comme si elle était hypnotisée. Près de lui elle n'était plus la même ; elle le fixait constamment, se retournant pour quêter son approbation quelle que fût son occupation, quand bien même elle ne faisait que retirer des côtelettes du four.

Mary aimait Georges et le haïssait à la fois. Howard avait en effet réussi à lui faire détester Georges, mais seulement jusqu'à un certain point au-delà duquel elle se remettait brusquement à le défendre. « Georges a été si gentil pour moi à la mort de mon père, quand j'étais toute seule ! » protestait-elle.

---

pris sauf cela. **No one but me saw him**, *il n'y a que moi qui l'ai vu.*
10. noter le déplacement d'accent tonique : **hypnotic** [hɪp'nɒtɪk], **hypnotized** ['hɪpnətaɪzd].
11. **looking back over her shoulder** : « *regardant en arrière par-dessus son épaule* ».
12. **he approved of** : to approve of something, *approuver quelque chose.*
13. **had been able to** : *avait été capable de, avait réussi à.*
14. **start defending him** : 2 constr. possibles : **start to defend** ou **defending**.
15. **would** : forme fréquentative (répétition dans le passé) ; d'où l'emploi de l'imparfait en français.

And so they had drifted[1] for almost a year, Howard trying to outmaneuver[2] George and see Mary a few times a week[3], Mary vacillating between continuing to see him and breaking it off because she felt she was hurting him too much. "I want to marry you!" Howard had said a dozen times when Mary had gone into her agonized fits of self-condemnation[4]. He'd never been able to make her understand that he would go through anything[5] for her. "I love you, too, Howard," Mary had said many times, but always with a tragic sadness that was like the sadness of a prisoner who cannot find a way to escape. But there had been a way to free her, a violent and final way. Howard had taken it...

He was on his knees in front of the fireplace now, trying to tear the coat into sections small enough to burn. He found the tweed extremely difficult to cut, and the seams almost equally difficult to tear. He tried[6] burning it without cutting it up, starting at a bottom corner[7], but the flames crawled up the nap[8] of the tweed toward his hands, while the material itself seemed as resistant to the fire as asbestos. He'd have to cut it up in small pieces, he realized. And the fire would have to be bigger and hotter.

Howard put more wood on. It was a mean[9] little fireplace with a bellied-out[10] iron grate and not much of a recess[11] so that the pieces of wood he had put on stuck out[12] in front over the rim of the grate.

---

1. **drifted** : il y a dans drift la notion de *dériver*, d'être emporté par un courant, d' *être ballotté par les flots.*
2. **to outmaneuver** : orth. amér. de *outmanœuvre* [autmə'nuvə], *manipuler* pour éliminer, *l'emporter sur.*
3. **a few times a week** : ▲ four times a day, twice a month ; once a year.
4. **her agonized fits of self condemnation** : a fit of anger, *un accès de colère.* Fit of madness, *accès de folie ;* agonized, *qui s'éternisait* (comme *l'agonie*) ; **self** : préfixe = *de soi* (cf. self-control, self-defence).
5. **go through anything** : « *traversait n'importe quoi* ».
6. **tried** : passé de to try. Habituellement avec un inf. try to do your duty, *essayez de faire votre devoir.* Il est suivi d'un gérondif quand il signifie *essayer à titre d'expérience ;*

84

Ainsi avaient-ils été ballottés pendant presque un an, Howard essayant de court-circuiter Georges pour voir Mary plusieurs fois par semaine, et elle oscillant entre son désir de continuer à le voir et celui de rompre en pensant à la peine qu'elle infligeait à Georges. « Je veux t'épouser ! » avait répété une douzaine de fois Howard quand Mary s'embarquait dans des séances interminables d'autocritique. Il n'avait jamais réussi à lui faire comprendre qu'il était capable de tout pour elle... « Je t'aime aussi, Howard ! » lui répondait-elle toujours avec la tristesse tragique d'un prisonnier qui ne voit aucune fuite possible. Alors qu'il existait un moyen de la libérer, un moyen violent et radical. C'est ce moyen qu'Howard avait employé...

Maintenant il était à genoux devant l'âtre, essayant de déchirer le manteau en morceaux assez petits pour être brûlés. Le tweed se révéla difficile à découper, et les coutures également difficiles à défaire. Il tenta alors de brûler le manteau entier, en commençant par un pan ; mais les flammes, grimpant vers ses mains, se contentèrent de lécher le tissu qui semblait aussi résistant au feu que de l'amiante. Il réalisa alors qu'il lui fallait absolument réduire le manteau en morceaux et augmenter la force du feu.

Il ajouta du bois. L'âtre était étriqué, bordé par une grille de fer arrondie qui ne laissait guère de place libre, de sorte que le bois qu'il avait rajouté dépassait le rebord de la grille.

---

try adding a little water, *ajoutez un peu d'eau* (pour voir ce que cela donnera).

7. **a bottom corner :** « *le coin du bas* ».

8. **nap :** (pour un tissu), *le poil, le duvet.* **His overcoat had lost its nap,** *son pardessus était élimé* (NB autre sens de **nap** : *sieste, petit somme*).

9. **mean :** adj. est toujours péjoratif ; (chose) : *minable, misérable* : **mean street,** *rue à l'aspect misérable* (personne) : *mesquin, vil.* **A mean individual,** *un personnage vil.*

10. **bellied-out :** belly, *ventre* ; to belly out : terme nautique : *enfler, gonfler* (les voiles).

11. **not much of a recess :** recess : *renfoncement* ; not much of : expr. amér. **He's not much of a singer,** *il ne vaut pas grand-chose comme chanteur.*

12. **stuck out :** to stick, stuck, stuck : *coller* ; stuck out, *restaient collés à l'extérieur.*

He attacked the coat again with the scissors. It took him minutes simply to remove a sleeve. He opened a window to get some of the smell of burning cloth out of the room.

The whole coat took him nearly an hour because he couldn't put much on at a time without smothering the fire. He watched the last piece beginning to smoke in the center, watched the flames break through and lick[1] a widening circle. He was thinking of Mary, seeing her white, fear-stricken[2] face when the police arrived, when they told her for the second time about George's death.

He was trying to imagine the worst — that the police had arrived just after he had spoken to her and that she had made some blunder[3], revealed to the police that she already knew about George's death, yet was not able to say who had told her ; he imagined that in her hysteria she had blurted out[4] his name, Howard Quinn, as the man who might have done it[5].

Howard moistened his lips, terrified suddenly[6] by the realization that he couldn't depend on[7] Mary. She loved him — he was sure of that — but Mary couldn't depend on herself.

For[8] one wild, unthinking instant, Howard wanted to rush down to West Eighteenth Street to be with her when the police arrived. He saw himself defiantly facing the police, his arm around Mary's shoulders, answering every question, parrying[9] every suspicion.

---

1. **lick** : to lick, *lécher*.
2. **fear-stricken** : *frappé de peur*. To strike, I struck, struck, *frapper*. Stricken est un ancien participe passé qui existe encore en composition dans certaines expressions comme **awe-stricken**, *frappé d'une peur profonde, religieuse*. **Panick-stricken**, *frappé de panique*.
3. **blunder** : *bévue, gaffe*.
4. **blurted out** : to blurt out a secret, *lâcher* (à l'étourdie) *un secret*. He blurted out the whole story, *il raconta l'affaire de but en blanc*.
5. **might have done it** : might ici prétérit de **may**. May exprime l'éventualité, le doute. Si le doute est exprimé au passé et porte sur une éventualité antérieure à ce passé on

Il s'attaqua de nouveau au manteau avec des ciseaux. Défaire une simple manche lui prit plusieurs minutes. Il ouvrit une fenêtre pour évacuer de la pièce l'odeur de tissu brûlé.

Brûler tout le manteau lui prit environ une heure, car il ne pouvait aller plus vite sans risquer d'étouffer le feu. Il contempla au milieu de l'âtre le dernier fragment dont le centre commença par fumer avant que les flammes ne jaillissent et ne forment de leurs langues un cercle grandissant. Il songeait à Mary, se représentant son visage blême et apeuré face à la police l'informant (et c'était la deuxième fois pour elle) de la mort de Georges.

Il essayait d'imaginer le pire, la police débarquant juste après son coup de fil, et Mary commettant l'erreur de montrer qu'elle était déjà au courant, tout en étant incapable de dire comment ; ou même, dans une crise d'hystérie, laissant échapper son nom, Howard Quinn, comme celui d'un possible coupable.

Howard s'humecta les lèvres brusquement terrifié par l'idée qu'il ne pouvait compter sur elle. Elle l'aimait, de cela il en était sûr, mais Mary ne pouvait compter sur elle-même.

Dans un instant de folle inconscience, Howard voulut se précipiter à la 18ᵉ Rue Ouest pour être près d'elle à l'arrivée des policiers. Il se voyait tenir tête à la police avec un air de défi, le bras enlaçant les épaules de Mary, répondant à toutes les questions, détournant le moindre soupçon.

---

emploie **might**. She said she might have left her umbrella on the train, *elle dit qu'elle aurait pu laisser son parapluie dans le train.* I agree that he might have been telling lies, *je conviens qu'il aurait pu mentir.*

6. **suddenly** : peut également se placer avant **terrified**.

7. **to depend on** ou **upon** : À la préposition : *compter sur, se fier à ;* I can depend on him, *je suis sûr de lui.* He can never be depended on, *on ne peut se fier à lui.* You can never depend on what he says, *on ne peut pas se fier à ce qu'il dit.* To depend on oneself, *compter sur soi-même.*

8. **for** : (ici) *pendant.*

9. **parrying** : to parry, *détourner* (un danger), *éviter* (une difficulté).

But that was insane[1]. The mere fact that they would be there in her apartment together —

He heard a knock at his door. A moment before, he had been aware that some people had come in the front door, but he had not thought that they were coming to see him. Suddenly he was trembling.

"Who is it ?" he asked.

"The police. We're looking for Howard Quinn. Is this apartment One A ?"

Howard glanced at the fire. The coat was all burned[2], nothing but glowing wisps left of the last piece. And they wouldn't be interested in[3] the coat, he thought. They had only come to question him, just as they had questioned Mary. He opened the door and said, "I'm Howard Quinn."

There were two policemen, one quite a bit[4] taller than the other. They came into the room. Howard saw them both[5] glance at the fireplace[6]. The smell of burned cloth[7] was still in the room.

"I suppose you know why we're here," said the taller officer. "You're wanted[8] down at the station[9]. You'd better[10] come with us now." He looked at Howard. It was not a friendly look.

For a moment Howard thought he was going to faint. Mary must have told them[11] everything, he thought, everything.

"All right," he said.

---

1. **insane** : *fou,* au sens pathologique du terme, sinon on emploierait **mad, crazy, nuts.**

2. **burned** : ou **burnt,** les deux formes sont possibles pour le prétérite et le p.p.

3. **to be interested in** : noter la préposition.

4. **quite a bit** : v. la note 10, p. 81 pour les deux sens de quite. **This watch is quite a bit cheaper than that one,** *cette montre est bien moins chère.*

5. **both** : *les deux.* Là **both** est utilisé comme adv. **I see them both,** *je les vois tous les deux.* **We both went,** *nous y sommes allés tous les deux.*

6. **fireplace** : on utilise des mots différents en anglais pour traduire le mot *cheminée* : 1) **fireplace,** *l'âtre.* 2) **mantlepiece,** *le manteau de la cheminée.* 3) **chimney,** *cheminée d'usine.*

Mais c'était là pure folie. Le simple fait d'être ensemble dans son appartement...

On frappa à la porte. Peu de temps avant, il avait eu conscience que des gens entraient par la porte de l'immeuble mais il n'avait pas pensé qu'ils venaient pour lui. Brusquement il se mit à trembler.

« Qui est là ?

— Police ! Nous cherchons Howard Quinn. Nous sommes bien à l'appartement 1A ? »

Howard jeta un coup d'œil à la cheminée. Le manteau avait entièrement brûlé et il ne restait que des fragments incandescents. De toute façon, le manteau ne les intéresserait pas, pensa-t-il. Ils étaient seulement venus l'interroger, comme ils avaient interrogé Mary. Il ouvrit en disant :

« Je suis Howard Quinn ! »

Ils étaient deux, l'un nettement plus grand que l'autre. Ils entrèrent. Howard les vit jeter un coup d'œil à la cheminée ; l'odeur de tissu brûlé flottait encore dans la pièce.

« Je suppose que vous connaissez l'objet de notre visite dit le plus grand des deux ; on vous attend au commissariat ; vous feriez mieux de nous accompagner immédiatement !

Il dévisageait Howard, et son regard n'était pas amical.

L'espace d'un instant Howard crut qu'il allait défaillir ; Mary avait dû tout leur dire ; tout.

— C'est bon ! répondit-il.

---

7. **cloth** [klɔθ] : *tissu* à distinguer du mot **clothes** [kləʊðz] *vêtements,* toujours au plur.

8. **you're wanted** : noter la forme passive, qui se traduit très souvent par le français *on.* **Wanted,** *recherché par la police* (cf. le panneau bien connu outre-Atlantique : **WANTED** avec la photographie d'un malfaiteur).

9. **station** : ici police-station (cf. **lifeboat-station, fire-station, railway-station,** etc.).

10. **you'd better** : + inf. sans to = you had better, *vous feriez mieux.*

11. **Mary must have told them** : must peut impliquer une déduction logique, une forte conviction. Passé : **must have** + p.p. Présent : **you must be tired after walking so far,** *vous devez être fatigué après une telle marche.* Passé : **you must have felt tired after walking so far,** *vous deviez vous sentir fatigué...*

The shorter officer [1] was looking into [2] the fireplace. "What've you been burning ? Cloth ?"

"Just a few old — a few old clothes," Howard said.

The policemen exchanged a glance, a kind of amused glance, and said nothing. They were so sure of his guilt, Howard thought, that they didn't need to ask any questions. They had guessed he had burned his overcoat and why he had burnt it. Howard got his trenchcoat from the closet [3] and put it on.

They walked out of the house and down the front steps to a Police Department car parked at the curb [4].

Howard wondered what was happening to Mary now ? She hadn't meant [5] to betray him, he was sure. Maybe it had been an accidental slip [6] that the police had caught and questioned her about until she had broken down [7]. Or maybe she had been so upset when they arrived that she had told them before she knew what she was doing.

Howard cursed himself [8] for not having [9] taken more precautions about Mary, for not having sent her out of town. He had told Mary last night that he was going to do it today, just so [10] it wouldn't come as a shock to her. How stupid he had been [11] ! How little he really understood her after all his efforts to understand ! How much better if he had killed George and said nothing at all to her !

The car stopped and they got out. Howard had paid no attention [12] to where they had been driving, and he did not try to see now.

---

1. **the shorter officer** : on emploie le comparatif et non le superlatif pour comparer deux choses. Ex : **the elder,** *le plus âgé,* quand il s'agit de deux enfants. **The eldest,** *le plus âgé,* quand il y en a trois ou plus.

2. **into** : *à l'intérieur.*

3. **closet** : ['klozit].

4. **curb** : orth. amér. de **kerb** (GB), *le bord du trottoir.*

5. **meant** : ici *avoir l'intention de ;* ex : do you mean to stay long ? *comptez-vous rester longtemps ?* He meant to do me a favour, *il voulait me rendre service.*

6. **slip** : (ici) *parole qu'on laisse échapper par inadvertance ; étourderie ;* **slip (of the tongue)** : *lapsus ;* également *écart, faux pas ; glissement.*

7. **she had broken down** : to break down, *s'effondrer,*

90

Le plus petit examina la cheminée :

— Qu'avez-vous donc fait brûler ? du tissu ?

— Juste quelques vieux... quelques vieux vêtements. »

Les policiers échangèrent un regard quelque peu amusé et ne dirent rien. Ils étaient si sûrs de sa culpabilité, pensa Howard, qu'ils ne ressentaient nul besoin de l'interroger ; ils avaient deviné que le manteau avait été brûlé et la raison pour laquelle il l'avait brûlé. Il tira son imperméable du placard et l'enfila.

Ils sortirent de l'immeuble et descendirent les marches du perron pour se diriger vers une voiture des services de la police garée le long du trottoir.

Howard se demanda ce qu'il était advenu maintenant de Mary. Elle ne l'avait pas trahi volontairement, il en était sûr. Peut-être quelque chose lui avait-il échappé et la police en avait-elle profité pour la harceler jusqu'à ce qu'elle craque ? Ou peut-être était-elle si bouleversée à leur arrivée qu'elle avait tout avoué avant de se rendre compte de ce qu'elle faisait ?

Howard se maudit de ne pas avoir pris plus de précautions avec elle, de ne pas lui avoir fait quitter la ville. Il avait confié ses intentions la veille au soir à Mary uniquement pour que tout cela ne soit pas un choc pour elle. Comme il avait été stupide ! Comme il la connaissait peu malgré tous ses efforts ! Comme il aurait été préférable de tuer Georges sans l'en avertir du tout !

La voiture s'arrêta et ils descendirent. Howard n'avait prêté aucune attention au trajet et n'essaya pas de savoir où il se trouvait.

---

craquer ; **a break down,** *une dépression nerveuse.*
8. **cursed himself :** to curse, *maudire, jeter l'anathème.*
Cursed be this people, *maudit soit ce peuple ;* **a curse,**
une malédiction. **A curse on the day when,** *maudit soit le jour où...*
9. **for not having :** noter la forme nég. du gérondif.
10. **so :** so that, *de telle sorte que.*
11. **how stupid he had been :** ou he had been so stupid !
Expr. de l'exclamation : **how little !** (avec un adv.) **how much better !** (avec un adj. comparatif).
12. **had paid no attention :** ⚠ **to pay attention to,** *faire attention à.* ⚠ **To pay particular attention, little attention, no attention...**

There was a big building in front of him, and he walked through the doorway[1] with the two officers and then into a room that resembled a small court-room[2] where a police officer sat at a high desk, like a judge.

"Howard Quinn," one of the policemen announced.

The officer at the high desk looked down at him with interest. "Howard Quinn. The young man in a terrible hurry," he said with a sarcastic smile. "You're the Howard Quinn who knows Mary Purvis ?"

"Yes."

"And George Frizell ?"

"Yes," Howard murmured.

"I thought so. Your address tallies[3]. I've just been talking to the homicide boys[4]. They want to ask you some[5] questions. You seem to be in trouble there, too. It's busy[6] evening for you, isn't it ?"

Howard didn't quite understand. He looked around the room for[7] Mary.

There were two other policemen sitting on a bench against the wall and a man in a shabby[8] suit[9] dozing on another bench ; but Mary was not in the room.

"Do you know why you're here tonight[10], Mr Quinn ?" the officer asked him in a hostile[11] tone.

"Yes." Howard stared[12] down at the base[13] of the high desk. He felt that something within him[14] was collapsing[15] —

---

1. **the doorway** ou **threshold** : *seuil de la porte.* Threshold est plus littéraire.
2. **resembled a courtroom** ou **looked like a courtroom** : *ressemblait à...*
3. **tallies** : verbe to tally (with), *correspondre (avec), s'accorder, cadrer.* The theory does not tally with the facts, *la théorie ne s'accorde pas avec les faits.* Our opinions do not tally, *nos idées ne concordent pas.*
4. **boys** : (fam.) *les gars :* guys.
5. **some** : ici est employé pour indiquer une quantité qu'on ne spécifie pas. I shall buy some eggs, *j'achèterai des œufs.*
6. **busy** : 1) a busy man, *un homme très occupé, actif ;* 2) a busy day, *une journée chargée.*
7. **for** : est à relier à **looked**. To look for, *chercher.*
8. **shabby** : pour un costume : *élimé, fripé, de piètre*

En face de lui se dressait un grand immeuble dont il franchit la porte encadré des deux policiers pour parvenir dans une salle analogue à celle d'un petit tribunal ; il y avait là un officier de police juché derrière un grand bureau, comme un juge.

« Howard Quinn, annonça un des deux policiers.

L'officier, du haut de son siège, lui jeta un regard plein d'intérêt :

— Howard Quinn ! Le jeune homme terriblement pressé ! dit-il avec un sourire sarcastique. Vous êtes le Howard Quinn qui connaît Mary Purvis ?

— Oui.

— Et Georges Frizell ?

— Oui, murmura Howard.

— C'est bien ce que je pensais ; votre adresse concorde. Je viens de m'entretenir avec les gars de la Criminelle. Ils veulent vous poser quelques questions ; encore des ennuis pour vous ; soirée mouvementée, n'est-ce pas ? »

Howard ne comprenait pas très bien ; il regarda autour de lui à la recherche de Mary.

Il y avait bien deux autres policiers assis sur un banc contre le mur, et un homme au costume élimé somnolant sur un autre banc, mais Mary n'était pas dans la pièce.

« Savez-vous pourquoi vous êtes ici, Mr Quinn ? » dit l'officier d'un ton hostile.

— Oui ! »

Howard gardait le regard baissé sur les pieds du bureau. Quelque chose s'effondrait en lui

---

allure, minable d'où pauvre (chambre), négligée (personne).

9. **suit** : prononciation différente aux USA [su:t] et en GB [sju:t], un costume.

10. **tonight** : s'écrit en un seul mot aux USA de plus en plus fréquemment.

11. **hostile** : ['hɔstail].

12. **stared** : to stare, regarder fixement.

13. **base** : [beis], base, partie inférieure.

14. **within him** : « à l'intérieur de lui ».

15. **collapsing** : to collapse : 1) tomber, s'effondrer (mur, siège) ; 2) s'évanouir (personne) ; 3) s'effondrer (plan, valeurs boursières).

(a framework that had held him upright[1] for the past several hours, but which had been imaginary all the time) — his feeling that he had had a duty to perform[2] in killing George Frizell, that he had been liberating the girl he loved and who loved him, that he had been ridding[3] the world of an evil[4], hideous[5] monster of a man. Now under the cold, professional eyes of the three policemen, Howard could see what he had done as they saw it — as the taking of a human life[6], nothing else[7]. And the girl he had done it for had betrayed him ! Whether Mary had wanted to or not, she had betrayed him. Howard covered his eyes with his hand.

"I can imagine you were upset by the murder of someone you knew, Mr Quinn, but at a quarter to six you didn't know anything about that — or did you, by any chance[8] ? Was that why you were in such a hurry[9] to get home or wherever you were going ?"

Howard tried to figure out[10] what the officer meant. His brain seemed paralyzed. He knew he had shot George at almost exactly 5:43. Was the officer still being sarcastic ? Howard looked at him.

He was a man of about forty[11] with a chubby[12], alert face. His eyes were contemptuous.

"He was burning some clothes in his fireplace when we walked in on him[13], Captain," said the shorter policeman who was standing near Howard.

"Oh ?" said the Captain. "Why were you burning clothes ?"

---

1. **upright** : adj., *vertical* ; put your seat in an upright position, *mettez votre siège en position verticale* (en avion) ; to be kept upright, *se tenir debout*. To hold oneself upright, *se tenir droit* ; (ici) « *l'avait tenu debout* », *l'avait soutenu*.
2. **a duty to perform** : to perform one's duty ou to do one's duty, *faire son devoir*.
3. **ridding** : verbe to rid, rid ou ridded. To rid someone of something, *débarrasser qqn de qqch*. To rid someone of his enemies, *délivrer qqn de ses ennemis*. On rencontre plus souvent le p.p. dans l'expr. to get rid of, *se débarrasser de*.
4. **evil** : ['i:vl] (adj.) au sens moral, *mauvais, méchant*. Evil eye, *le mauvais œil*. Evil deeds, *mauvaises actions*.

(toute la charpente qui l'avait soutenu ces dernières heures et qui s'avérait entièrement imaginaire), le sentiment que tuer Georges Frizell avait été un devoir, qu'il libérait ainsi la jeune fille qu'il aimait et dont il était aimé, débarrassant le monde d'un monstre hideux et maléfique. Maintenant, sous le regard froid et professionnel des trois policiers, il voyait ce qu'il avait fait, comme eux le voyaient : il avait supprimé une vie humaine, tout simplement. Et la jeune fille pour laquelle il avait accompli cet acte l'avait trahi. Que Mary l'ait voulu ou non, elle l'avait trahi. Howard se couvrit les yeux de la main.

— Je conçois que vous ayez été bouleversé par le meurtre de quelqu'un que vous connaissiez, Mr Quinn, mais à 17 h 45 vous ignoriez tout ; à moins que par hasard vous ne l'ayez déjà su ; ceci expliquerait-il votre hâte à rentrer chez vous ou je ne sais où ? »

Howard tenta de comprendre le sens de ces paroles. Son cerveau était comme paralysé. Il savait qu'il avait tiré sur Georges à 17 h 43 à peu de chose près. L'officier se moquait-il de lui ? Howard le regarda.

C'était un homme de 40 ans environ, joufflu et vif. Son regard était méprisant.

« Il brûlait des vêtements dans la cheminée quand nous avons fait irruption chez lui, dit le plus petit des policiers qui se tenaient près d'Howard.

— Ah ! dit le capitaine ; pourquoi brûliez-vous des vêtements ? »

---

5. **hideous** : ['hidjəs], *hideux, répugnant.*
6. **the taking of a human life** : « *le fait de prendre une vie humaine* ».
7. **nothing else** : un adv. : *rien d'autre* ; peut s'ajouter aux composés de some, any, no, every... what else, Madam ? (dans un magasin). Yes, I want something else.
8. **by any chance** : ▲ chance, *hasard.* Luck, *chance.*
9. **in such a hurry** : to be in a hurry, *être pressé* ; le mot hurry étant un subst. : in such a hurry, « *une telle hâte* ».
10. **to figure out** : *déchiffrer* (figure, chiffre), *comprendre.*
11. **about forty** : *environ quarante ans.*
12. **chubby** : se dit souvent d'un enfant, *potelé* ; d'un visage, *joufflu.*
13. **walked in on him** : « *entré directement sur lui* » (*faire irruption chez lui*).

95

He knew very well, Howard thought. He knew what he had burned and why, just as the two police officers knew.

"Whose clothes were you burning ?" the Captain asked.

Howard still said nothing. The ironic questions infuriated[1] him and shamed[2] him at the same time.

"Mr Quinn," the Captain said in a louder tone, "at a quarter to six this evening you knocked a man down[3] in your car at the corner of Eighth Avenue and Sixty-eighth Street and drove on[4]. Isn't that correct ?"

Howard looked up at him, uncomprehending.

"*You were aware that you hit*[5] *him, were you not ?*" the Captain asked more loudly.

He was here for something else, Howard realized. Hit-and-run[6] driving ! "I — I don't —"

"Your victim isn't dead, if that'll make you more able to talk. But it's not your fault[7]. He's in the hospital with a broken leg — an old man who can't afford[8] a hospital." The Captain scowled down at him[9]. "I think you ought to be taken to see him. I think it would be good for you.

You've committed one of the most shameful crimes[10] a man can be guilty of[11] — hit-an-run driving. If not for[12] one woman who was quick enough[13] to get your license number, we'd never have caught you."

---

1. **infuriated** : to infuriate, *rendre furieux.*
2. **shamed** : to shame, *remplir de honte,* adj. : shameful.
3. **to knock a man down** : *faire tomber en le heurtant.*
4. **drove on** : on indique qu'on continue l'action, *continuer à rouler ;* cf. go on, carry on....
5. **hit** : to hit, hit, hit, *toucher violemment.* To hit someone in the face, *frapper au visage.* A stone hit him on the forehead, *une pierre l'a frappé au visage.*
6. **hit-and-run** : to hit, *heurter.* To run, *se sauver.* Cette expr. est devenue un adj. A hit and run driver, *un chauffard.*
7. **fault** : [fɔːlt].
8. **afford** : ce verbe est toujours précédé de can, be able to. I can't afford it, *mes moyens ne me le permettent pas.* I can't afford a new car, *mes moyens ne me permettent pas*

Il le sait parfaitement bien, pensa Howard. Il savait ce qu'il avait brûlé et pourquoi il l'avait brûlé, comme d'ailleurs les deux autres policiers.

« A qui appartenaient les vêtements que vous brûliez ? » demanda le capitaine.

Howard continua à garder le silence. L'ironie de ces questions le remplissait à la fois de fureur et de honte.

« Mr Quinn ! reprit le capitaine d'une voix plus forte, à 17 h 45, cet après-midi, vous avez renversé avec votre voiture un homme à l'angle de la 8ᵉ Avenue et de la 68ᵉ Rue, et vous ne vous êtes pas arrêté. N'est-ce pas exact ? »

Howard leva les yeux vers lui, sans comprendre.

« Vous étiez conscient d'avoir heurté quelqu'un, n'est-ce pas ? insista le capitaine, haussant le ton.

Howard se rendit compte qu'il était là pour tout autre chose : accident avec délit de fuite.

— Je ne...

— Sachez que votre victime n'est pas morte, si cela peut vous rendre plus loquace, mais vous n'y êtes pour rien. Il a été hospitalisé avec une jambe cassée ; un vieux monsieur qui n'en a guère les moyens ! (Le capitaine le regardait, menaçant.) Je pense qu'on devrait vous emmener le voir. Cela serait une bonne chose pour vous. Vous avez commis un des délits les plus scandaleux dont un homme puisse se rendre coupable : renverser quelqu'un et prendre la fuite. Si une femme n'avait pas eu la présence d'esprit de relever votre numéro d'immatriculation, nous ne vous aurions jamais retrouvé. »

---

de m'offrir une nouvelle voiture. We can afford to pay such a price, nous avons les moyens de payer ce prix.

9. **scowled down at him** : froncer les sourcils (to frown) ; l'agressivité est marquée par at.

10. **crime** : n'a pas uniquement le sens de crime. Il signifie aussi infraction, délit.

11. **guilty of** : coupable de. Guilty of theft, coupable de vol. He was found guilty, il fut reconnu coupable. Verdict of guilty, not guilty, verdict de culpabilité, d'acquittement.

12. **if not for** : « si ce n'était pas grâce à ».

13. **quick enough** : « assez rapide ». Noter la place de enough après un adj. : large enough, warm enough ; après un adv. : I know him well enough. Avec un nom, on trouve les deux constructions : we haven't enough time ou we haven't time enough.

97

Howard suddenly understood. The woman had made a mistake, maybe a mistake of only one figure[1] in his license[2] number — but it gave him an alibi[3]. If he didn't take it, he was lost. There was too much against him, even if Mary had said nothing[4] — the fact that he had left the store earlier than usual today, the hellish[5] coincidence of the police walking in just as he was burning the coat. Howard looked up at the Captain's angry face. "I'm willing to go see[6] the man," he said contritely.

"Take him to the hospital," the Captain said to the two policemen. "By the time you get back, the homicide boys'll be here. And incidentally, Mr Quinn, you're being held on five thousand dollars' bail[7]. If you don't want to spend the night here, you'd better get it. Do you want to try to raise[8] it tonight ?"

Mr Luther, his boss, could get it for him tonight, Howard thought. "May I make a phone call[9] ?"

The Captain gestured toward a telephone on a table against the wall.

Howard looked up[10] Mr Luther's home number in the directory on the table and dialed it. Mrs. Luther answered. Howard knew her slightly, but without any polite exchanges, he asked if he could speak to Mr Luther. "Hello, Mr Luther," he said. "I'd like to ask you a favor. I've had a bad accident. I need five thousand dollars for my bail... No, I'm not hurt[11], but — could you write a check[12] for me and send it over[13] by a messenger ?"

---

1. **figure** : (sens général) *un signe* écrit ou imprimé. Ici *un chiffre*. Peut aussi signifier *un nombre ; to work out the figures, effectuer les calculs.* The amount of business reaches a very respectable figure, *le chiffre d'affaires est fort important.*
2. **license** ou **licence** (GB) : « *autorisation officielle* » ; driving license, *permis de conduire ; carte d'immatriculation,* par extension ; *le numéro d'immatriculation* (GB) : registration number.
3. **alibi** : prononcer ['ælibai].
4. **had said nothing** : ou hadn't said anything.
5. **hellish** : de hell, *l'enfer* (≠ **heaven,** *le paradis*).
6. **go see** : amér. et familier pour **go and see.**
7. **you're being held on five thousand dollars' bail** : to

En un éclair, Howard comprit. Cette femme s'était trom-
pée, peut-être même d'un seul chiffre, sur son numéro
d'immatriculation, mais cela lui procurait un alibi. S'il ne
sautait pas sur l'occasion, il était perdu. Il y avait trop de
choses contre lui, même si Mary avait gardé le silence : le
fait d'avoir quitté plus tôt son travail aujourd'hui, l'infernale
coïncidence qui avait amené les policiers chez lui juste au
moment où il brûlait son manteau. Howard leva les yeux
sur le visage courroucé du capitaine.

« Je tiens à aller voir cet homme », dit-il, plein de
contrition.

« Emmenez-le à l'hôpital, dit le capitaine aux deux
policiers. A votre retour, les gens de la Criminelle seront
là. Et soit dit en passant, Mr Quinn, vous serez libéré contre
une caution de 5 000 dollars. Si vous ne voulez pas passer
la nuit ici, vous feriez mieux de trouver cette somme.
Pouvez-vous essayer de vous la procurer ce soir ? »

Mr Luther, son patron, s'en chargerait, pensa Howard.

« Puis-je téléphoner ? »

Le capitaine indiqua d'un geste le téléphone qui se
trouvait sur une table contre le mur.

Howard chercha le numéro de Mr Luther dans l'annuaire
qui était sur la table et le composa sur le cadran. C'est
Mrs Luther qui décrocha. Howard la connaissait un peu,
mais, sans aucune formule de politesse, il demanda à parler
à Mr Luther.

« Allô, Mr Luther ! j'aimerais vous demander un service.
J'ai eu un sérieux accident, j'ai besoin de 5 000 dollars de
caution... Non, je ne suis pas blessé... mais pouvez-vous
me faire un chèque et me l'adresser par porteur ? »

---

hold, *tenir, retenir ; on... bail, contre une caution.*
8. **to raise** (money) : *ramasser des fonds, de l'argent.*
9. **to make a phone call** : noter ici un des emplois de to
make.
10. **looked up** : to look up... in the directory, in the
dictionary, *chercher...* (un mot, un nom) *dans l'annuaire,
le dictionnaire.*
11. **hurt** : to hurt, I hurt, hurt, *blesser.* En principe **hurt**
est un p.p. Il est utilisé comme adj. avec le v. to be.
12. **check** (US) : en Grande-Bretagne, **chèque** : *un chèque.*
13. **send it over** : à rapprocher de l'expr. **come over and
see me,** *venez me voir.* I will go over to his office, *j'irai à
son bureau.* He's going over to America (s'emploie quand
il y a déplacement vers un endroit déterminé).

"I'll bring the check myself," Mr Luther said. "Just sit tight[1]. I'll get the company lawyer on it, if you need help. Don't take any lawyer they offer you, Howard. We've got Lyles, you know."

Howard thanked him. Mr Luther's loyalty embarrassed him. Howard asked a police officer who was standing near him the address[2] of the station, and gave it to Mr Luther. Then he hung up and walked out with the two policemen who had been waiting for him[3].

They drove to a hospital in the West Seventies[4]. One of the policemen inquired at the downstairs desk where Louis Rosasco was, and then they went up in an elevator[5].

The man was in a room by himself[6], propped up[7] in bed with one leg in a cast[8] that was suspended by cords from the ceiling. He was a gray[9] man of about sixty-five or seventy with a long, seamed[10] face and dark, deep-set[11] eyes that looked extremely weary[12].

"Mr Rosasco," said the taller police officer, "this is Howard Quinn, the man who knocked you down."

Mr Rosasco nodded[13] without much interest, though he kept his eyes on Howard.

"I'm very sorry," Howard said awkwardly. "I'll be glad to pay any bills[14] you have, you can be sure of that." His car insurance[15] would take care of the hospital bill, Howard thought.

---

1. **sit tight** : *rester immobile,* ici au sens figuré : *sans prendre d'initiative.*
2. **address** : cf. note 5, p. 18.
3. **who had been waiting for him** : *qui l'attendaient ;* l'emploi du **past perfect** est nécessaire puisque l'action commence dans le passé et dure encore au moment où l'on parle. Si la phrase était au présent, on aurait eu le **present perfect... he is walking... the two police officers who have been waiting for him.**
4. **West Seventies** : toutes les rues dont le numéro commence par **seventy** ; même expression utilisée pour indiquer l'âge. A man in his forties, *un homme entre 40 et 50 ans.*
5. **elevator** (US) : lift (GB) : *ascenseur.*
6. **by himself** : ou alone, *tout seul (by herself... by myself).*

100

— Je vous apporte le chèque moi-même, répondit Mr Luther ; ne bougez pas. Je préviens l'avocat de la Société, si vous avez besoin d'aide ; n'acceptez aucun avocat qu'on pourrait vous proposer. Nous avons Lyles, vous le savez. »

Howard le remercia. La loyauté de Mr Luther l'embarrassait. Howard s'enquit de l'adresse du commissariat pour la communiquer à Mr Luther. Puis il raccrocha et partit avec les deux policiers qui l'attendaient.

Ils se dirigèrent vers l'hôpital qui se trouvait entre la 70e et la 80e Rue Ouest. Un des policiers demanda au bureau d'accueil où se trouvait Louis Rosasco, et ils prirent l'ascenseur.

L'homme était dans une chambre, seul, étendu dans un lit, la jambe dans un plâtre et tenue en l'air par un système de poulies fixé au plafond. C'était un homme quelconque, d'environ soixante-cinq ou soixante-dix ans, le visage maigre et marqué, et des yeux noirs et creux exprimant une grande fatigue.

« Mr Rosasco, dit le plus grand des policiers, voilà Mr Howard Quinn, l'homme qui vous a renversé. »

Mr Rosasco acquiesça avec indifférence, bien qu'il gardât le regard fixé sur Howard.

« Je suis vraiment désolé, dit Howard d'un air gauche. Je serai heureux de payer tous les frais, soyez-en assuré. » Son assurance auto prendrait en charge la note de l'hôpital, pensait Howard.

---

7. **propped up** : *soutenir* (un objet, à l'aide d'un support) ; **props** : *accessoires de théâtre.*

8. **in a cast** : pour *plaster cast, un moulage de plâtre.*

9. **gray** : autre orth. : *grey, gris, terne.*

10. **seamed** : *seam, couture,* donc *ride* ou *cicatrice,* ici *marqué par l'âge.*

11. **deep-set (to set, I set, set)** : « *placés profondément* » ; *deep* est ici adv.

12. **weary** : plus que **tired,** exprime la lassitude.

13. **nodded** : *to nod, faire un signe de la tête,* généralement en signe d'assentiment.

14. **bills** : ici sens général de *notes, factures ;* mais on peut distinguer le sens de : 1) *note, addition,* 2) *affiche,* 3) *projet de loi.* Pour une *facture détaillée,* dans les affaires, on emploie **invoice.**

15. **insurance** : [mʃurəns].

Then there'd be the matter[1] of the court fine[2] — at least a thousand dollars by the time he got through[3], but he'd manage[4] it with some loans.

The man on the bed still said nothing to him. He looked groggy with sedatives.

The officer who had introduced them seemed dissatisfied because they had nothing else to say to each other[5]. "Do you recognize the man, Mr Rosasco ?"

Mr Rosasco shook his head. "I didn't see the driver. All I saw was a big black car coming[6] down at me," he said slowly. "Hit the side of my leg —"

Howard set his teeth[7], waiting. His car was green, a light green. And it was not particularly[8] big.

"It was a green car, Mr Rosasco," the shorter policeman said, smiling. He was checking with[9] a small yellow card he had taken from his pocket. "A green Pontiac sedan[10]. You made a mistake."

"No, it was a black car," Mr Rosasco said positively[11].

"Nope[12]. Your car's green, isn't it, Quinn ?"

Howard nodded once, stiffly.

"It was getting dark around six. You probably couldn't see very well," the cheerful officer said to Mr Rosasco.

Howard watched Mr Rosasco, holding his breath. For a moment Mr Rosasco stared at the policemen, frowning, puzzled, and then his head fell back on the pillow.

---

1. **matter** : ici subst. : *le sujet, le problème...* It's a very important matter, *c'est un sujet très important ;* a matter of importance, *un point très important.*
2. **fine** : ici subst. : *l'amende.*
3. **by the time he got through** : *le temps que...* through a ici le même sens que dans la tournure **Are you through with your work ?** *Avez-vous terminé votre travail ?*
4. **manage** : (verbe) *arriver* (à faire quelque chose), *se débrouiller, s'arranger.* I can manage by myself, *je peux y arriver tout seul ;* avec un verbe : **to manage to do something,** *arriver à faire quelque chose.*
5. **each other** : pron. réciproque. En principe, on utilise **each other** pour deux sujets, et **one another** pour plus de deux mais aujourd'hui ces expr. sont synonymes. They hate each other. They hate one another, *ils se détestent.* They

Il y aurait plus tard l'amende pénale, au moins 1 000 dollars une fois l'affaire terminée, mais d'ici là il s'arrangerait, avec un prêt quelconque.

L'homme sur le lit ne disait toujours rien. Il semblait sous l'influence des sédatifs.

Le policier qui les avait mis en présence semblait mécontent de voir qu'ils n'avaient rien d'autre à se dire.

« Reconnaissez-vous votre homme, Mr Rosasco ?

Mr Rosasco secoua la tête.

— Je n'ai pas vu le conducteur. Tout ce que j'ai vu, c'est une grosse voiture noire qui fonçait sur moi, dit-il lentement. Elle m'a heurté sur le côté de la jambe...

Howard serra les dents, dans l'expectative. Sa voiture était verte, d'un vert clair. Et elle n'était pas particulièrement grosse.

— Il s'agissait d'une voiture verte, Mr Rosasco, dit en souriant le plus petit des deux policiers. (Il contrôlait sur une fiche jaune qu'il avait sortie de sa poche.) Une Pontiac verte. Vous faites erreur.

— Non, c'était une voiture noire, dit Mr Rosasco avec assurance.

— Que non. Votre voiture est bien verte, n'est-ce pas, Mr Quinn ? »

Howard acquiesça avec raideur.

« Il commençait à faire sombre à 18 heures. Vous n'y voyiez sans doute plus très bien », dit d'un air souriant le policier.

Retenant son souffle, Howard observa Mr Rosasco. Celui-ci, l'espace d'un instant, regarda fixement les policiers, et puis sa tête retomba sur l'oreiller.

---

are afraid of one another, *ils ont peur l'un de l'autre.*
6. **I saw a car coming** : après les verbes de perception :
1) inf. sans to : **I heard the bell ringing** (action qui dure).
2) part. prés. : **I saw a man fall** (action rapide).
7. **set his teeth** : *serrer les dents* = to clench one's teeth.
8. **particularly** : ▲ prononciation de ce mot [pə'tikjuləlı].
9. **he was checking with** : *vérifier, contrôler.* Check the facts with him, *faites-vous confirmer les faits.*
10. **sedan** : [sı'dæn], *conduite intérieure.* Sports car, *voiture de sport.*
11. **positively** : « *de façon catégorique* ». I'm positive, *je suis formel.*
12. **nope** : argot = no.

He was going to let it go[1]. Howard relaxed a little.

"Guess[2] you'd better get some sleep[3], Mr Rosasco," the shorter officer said. "Don't worry about[4] anything. Everything'll be taken care of[5]."

The last thing Howard saw in the room was Mr Rosasco's tired, rugged profile on the pillow, his eyes closed. The memory of his face stayed with[6] Howard as he walked down the hall. His alibi...

When they got back to the station Mr Luther had already arrived, and also a couple of men in civilian clothes — the men from homicide, Howard supposed. Mr Luther came toward Howard, his round pink face troubled.

"What's this all about[7] ?" Mr Luther asked. "Did you really hit somebody and drive on[8] ?"

Howard nodded, shamefacedly[9]. "I wasn't quite sure I hit him. I should have stopped — but I didn't."

Mr Luther looked at him reproachfully, but he was going to remain loyal, Howard thought.

"Well, I've given them[10] the check for your bail," Mr Luther said.

"Thank you, sir."

One of the men in civilian clothes walked up to Howard. He was a slender man with sharp blue eyes in a thin face. "I have some questions to ask you, Mr Quinn. You're acquainted with[11] Mary Purvis and George Frizell ?"

"Yes."

---

1. **to let it go** : « *se laisser aller, laisser tomber* ».
2. **guess** : (utilisé dans ce sens couramment aux USA) sous-entendu I. Du premier sens de *deviner* découle celui de *supposer, imaginer.* **I guess you're right,** *je suppose que vous avez raison.*
3. **get some sleep** : get some rest, *prends un peu de repos.*
4. **to worry about** : se faire du souci pour. **What are you worrying about ?** *qu'est-ce qui vous inquiète ?* **There is nothing to worry about,** *il n'y a pas de quoi s'inquiéter.*
5. **everything will be taken care of** : to take care of something, of everything, *s'occuper de quelque chose, de tout.* La phrase du texte est au futur, forme passive : *on s'occupe de tout.* Formule très courante : « **don't worry, it's taken care of** », *ne vous inquiétez pas, on s'en occupe.*
6. **stayed with** : noter la préposition.

Il renonçait. La tension d'Howard tomba un peu.

« Je crois que vous feriez mieux de dormir, Mr Rosasco !
dit le plus petit des policiers. Ne vous inquiétez de rien.
On s'occupe de tout. »

La dernière vision d'Howard dans cette chambre fut celle
du profil buriné et las de Mr Rosasco, reposant sur l'oreiller,
les yeux clos. Ce souvenir le poursuivait encore tandis qu'il
sortait de l'immeuble. Son alibi...

Quand ils arrivèrent au commissariat, Mr Luther était
déjà arrivé, ainsi que deux hommes en civil — les policiers
de la Criminelle, pensa Howard. Mr Luther s'approcha de
lui, son visage rond et rose affichant un certain trouble.

« Qu'est-ce que c'est que toute cette histoire ? interrogea-
t-il. Avez-vous vraiment pris la fuite après avoir renversé
un piéton ? »

Howard acquiesça, l'air honteux.

— Je n'étais pas certain de l'avoir touché ; j'aurais dû
m'arrêter... mais je ne l'ai pas fait.

Mr Luther lui lança un regard chargé de reproches, mais
Howard sut qu'il resterait solidaire.

— Bon ; j'ai remis le chèque de caution.

— Merci, monsieur. »

Un des hommes en civil s'approcha. Il était mince et ses
yeux bleus dans un visage étroit avaient un regard aigu.

« J'ai quelques questions à vous poser, Mr Quinn. Vous
connaissez Mary Purvis et Georges Frizell ?

— Oui.

_____

7. **what is this all about ?** = What is it about ? *De quoi
s'agit-il,* beaucoup plus neutre que « what is this all about »
qui implique un certain agacement.

8. **drive on** : on indique la continuation. To go on. To walk
on, *continuer à marcher* ; to drive on, *continuer à rouler.*

9. **shamefacedly** : a shamefaced man, *un homme au visage
honteux, à l'air honteux* ; shamefacedly, adv. : *l'air honteux.*

10. **I've given them** : △ to give somebody something ou to
give something to somebody.

11. **to be acquainted with someone** : *connaître
quelqu'un* ; to have a wide circle of acquaintances, *avoir
un grand cercle de connaissances, relations.*

"May I ask where you were[1] tonight at twenty minutes to six ?"

"I was — I was driving uptown. I was driving from the store where I work at Fifty-third and Seventh Avenue to my apartment on Seventy-first Street."

"And you hit a man at a quarter to six ?"

"I did," Howard said.

The detective nodded. "You know that George Frizell was shot this evening at exactly eighteen minutes of six[2] ?"

The detective suspected him, Howard thought. What had Mary told them ? If he only knew[3]... But the Captain of police had not specifically[4] said that George Frizell had been shot. Howard drew his brows together[5] hard[6]. "No," he said.

"He was. We talked to your girl friend. She says you did it."

Howard's heart stopped for a moment. He stared into the detective's questioning eyes. "That's just not true."

The detective shrugged[7]. "She's plenty hysterical[8]. But she's plenty positive, too."

"It just isn't true ! I left the store — I have to report[9] to the store I work for around five. I drove —" His voice broke. It was Mary who was shattering[10] him — Mary.

"You're Mary Purvis's[11] boy friend, aren't you ?"

---

1. **where you were** : bien marquer la différence de prononciation **where** [wɔr] et **were** [wɜ:].
2. **at eighteen minutes of six** : (US) pour eighteen minutes to six ; de la même façon, on emploie aux USA la tournure : it's 20 after 6 au lieu de 20 past 6 ▲ on ne peut omettre le mot **minutes** si le nombre de minutes n'est pas divisible par cinq.
3. **if he only knew** : on peut également dire **if only he knew**, mais c'est une construction plus emphatique.
4. **specifically** : [sprˈsɪfɪkəlɪ].
5. **drew his brows together** : brows, *sourcils*. To draw together, *rapprocher*.
6. **hard** : ici adv. comme dans **work hard** ; **it's raining hard**.
7. **shrugged** : *hausser les épaules* en signe d'agacement,

— Puis-je vous demander où vous étiez à 17 h 40 ?

— J'étais... Je quittais en voiture le centre de la ville depuis le magasin où je travaille à l'angle de la 53ᵉ Rue et de la 7ᵉ Avenue pour me rendre là où j'habite à la 71ᵉ Rue

— Et vous avez renversé un homme à 17 h 45 ?

— Exact », répondit Howard.

Le policier acquiesça de la tête.

— Vous savez que Georges Frizell a été abattu ce soir à 17 h 42 exactement ?

Le détective le soupçonnait, pensa Howard. Qu'avait bien pu dire Mary ? Si seulement il le savait... Mais le capitaine de police ne lui avait pas explicitement dit que Georges Frizell avait été abattu.

Howard fronça intensément les sourcils :

— Non, répondit-il.

— C'est pourtant ce qui est arrivé. Nous avons parlé à votre amie. Elle dit que c'est vous le coupable. »

Un moment, le cœur d'Howard s'arrêta de battre. Il fixa le regard interrogateur du détective :

— Ce n'est tout simplement pas vrai.

Le policier haussa les épaules :

— Elle est carrément hystérique, mais elle est aussi carrément affirmative.

— Ce n'est absolument pas vrai ! J'ai quitté le magasin... Je dois y repasser vers 17 h. J'ai pris ma voiture...

Sa voix se brisa. C'était Mary qui l'accablait... Mary.

— Vous êtes bien le petit ami de Mary Purvis, n'est-ce pas ?

---

de dédain ; **to shrug off sth by...** : *se débarrasser de qqch en...*

8. **she's plenty hysterical** : langage familier, délibérément incorrect : **plenty** mis pour **very**, pour surenchérir. Quand on utilise **plenty** dans sa construction habituelle (cf. **plenty of money, of water, of time**), cela indique également qu'il y a un excès.

9. **to report** : 1) *faire un rapport, rendre des comptes* et (ici) 2) *se présenter, passer.*

10. **to shatter** : *fracasser, mettre en pièces.* **The glass was shattered,** *le verre se brisa en éclats.* **His arms was shattered,** *son bras fut fracassé.*

11. **Mary Purvis's** : prononcer distinctement les 2 « s » : ['pɜ:vɪsəs].

"Yes," Howard replied. "I can't — she must be —"

"Did you want Frizell out of the way [1] ?"

"I didn't kill him. I had nothing to do with it ! I didn't even know he was dead !" Howard babbled [2].

"Frizell saw Mary quite a lot, didn't he ? That's what I heard from [3] both landladies. Did you ever think they might be in love with each other [4] ?"

"No. Of course not."

"You weren't [5] jealous [6] of George Frizell ?"

"Of course not."

The detective's arched eyebrows had not once come down [7]. His whole [8] face was like a question mark. "No ?" he asked sarcastically.

"Listen, Shaw," the police Captain said, stepping down [9] from his desk. "We know where Quinn was at a quarter of six. He might know [10] who did it, but he didn't do it himself."

"Do you know who did it, Mr Quinn ?" the detective asked.

"No, I don't."

"Captain McCaffery tells me you were burning some clothes in your fireplace tonight. Were you burning a coat ?"

Howard's head bobbed [11] in a desperate nod [12]. "I was burning a coat and a jacket, too. They were full of mothholes [13]. I didn't want them in my closet any longer [14]."

---

1. **did you want Frizell out of the way** : way ici est à rapprocher de son utilisation dans les expr. suivantes : you're in my way, *vous me gênez* ; get out of my way, *laissez-moi passer*.
2. **to babble** : 1) *babiller, jacasser*, 2) *murmurer* (comme un ruisseau). En fait, Howard n'articule pas, ne parle pas clairement, ne s'arrête pas entre les phrases.
3. **to hear** : *apprendre... from, de la bouche de...*
4. **each other** : v. note p. 102.
5. **weren't** : [wɜːnt].
6. **jealous** : ['dʒeləs].
7. **the detective's arched eyebrows had not once come down** : « *les sourcils arqués du détective n'étaient pas descendus une seule fois* ».
8. **whole** : *tout entier* ; s'emploie pour une chose dans son ensemble : the whole town, the whole country, his whole

108

— Oui ! répondit Howard. Je ne peux... Elle doit être...

— Vouliez-vous écarter Frizell de votre chemin ?

— Je ne l'ai pas tué. Je n'ai rien à voir avec tout ça. Je ne savais même pas qu'il était mort, murmura Howard.

— Frizell voyait très souvent Mary, n'est-ce pas ? C'est ce que nous ont dit les deux logeuses. N'avez-vous jamais pensé qu'ils pouvaient être amoureux l'un de l'autre ?

— Non... Certainement pas.

— N'étiez-vous pas jaloux de Georges Frizell ?

— Certainement pas !

Le détective gardait les sourcils arqués. Il ne les avait pas baissés une seule fois. Tout son visage n'était qu'interrogation.

— Vraiment ? demanda-t-il d'un ton sarcastique.

— Écoutez-moi, Shaw, dit le capitaine de police en descendant de derrière son bureau. Nous savons où était Quinn à 17 h 45. Il se pourrait qu'il sache qui est le coupable, mais il n'est pas le coupable.

— Savez-vous qui a commis le crime, Mr Quinn ?

— Non, je l'ignore.

— Le capitaine Mc Caffery m'a raconté que vous aviez brûlé des vêtements dans votre cheminée, cette nuit. Est-ce un manteau que vous brûliez ?

Howard hochait la tête, désespérément.

— Je brûlais un manteau et une veste également. Ils étaient tout mités. Je ne voulais pas les garder plus longtemps dans mon placard.

---

mind. Un peu plus emphatique que **all the town**...

9. **stepping down** : a step, *une marche, un pas ;* to step, *faire un pas ;* to step accross, *traverser ;* to step back, *reculer ;* to step down, *descendre ;* to step in, *entrer,* etc.

10. **he might know** : he may know, *il se peut qu'il sache.* He might know, *il se pouvait* ou (ici) *il se pourrait qu'il sache.*

11. **bobbed** : 1) to bob, *faire un mouvement de haut en bas et de bas en haut ;* 2) to bob one's hair, *se faire couper les cheveux.* (Cf. 1920 : à la Jeanne-d'Arc.)

12. **nod** : *signe affirmatif.* Cf. to nod, p. 101.

13. **mothhole** : *trou de mite ;* moth : *mite ;* hole, *trou.*

14. **not... any longer** ou **no longer** : *plus* (adv.) I'm sorry but I can't stay any longer ou I can stay no longer, *je regrette mais je ne peux rester plus longtemps.* He's no longer a child, *ce n'est plus un enfant.*

109

The detective put a foot on a straight chair[1] and leaned closer to Howard[2]. "It was a funny[3] time to burn a coat, wasn't it ? Just after you thought you might have knocked a man down in your car and maybe killed him ? Whose coat were you burning ? The murderer's ? Maybe because there was a bullet hole in it ?"

"No," Howard said.

"You didn't arrange[4] with somebody to kill Frizell ? Somebody who brought you his coat to get rid of[5] ?"

"No." Howard glanced at Mr Luther, who was listening attentively. Howard stood up straighter.

"You didn't shoot Frizell, jump in your car, and rush home, knocking a man down on the way ?"

"Shaw, that's impossible," Captain McCaffery put in[6]. "We've got the exact times on this. You can't get from Thirty-fourth and Seventh to Sixty-eighth and Eighth in three minutes no matter how fast you drive[7] ! Face it[8] !"

The detective kept his eyes on Howard. "Do you work for this man ?" he asked, nodding toward Mr. Luther.

"Yes."

"What do you do ?"

"I'm the Long Island salesman[9] for William Luther Sporting Goods. I contact schools on Long Island and also place our goods[10] in stores[11] out there[12].

---

1. **a straight chair** : straight, *droit*. straight chair : *chaise à dossier droit*.
2. **leaned closer to Howard** : « *se pencha plus près de Howard.* »
3. **funny** : 1) *drôle, amusant ;* what a funny story ! *quelle histoire amusante !* 2) *étrange ;* his behaviour was rather funny, *son comportement était plutôt bizarre.*
4. **to arrange** : deux sens distincts : 1) to arrange, *ranger, mettre en ordre* (to arrange books on a shelf, *ranger des livres sur une étagère*). 2) sens le plus courant : ▲ *faire un projet, décider, prendre des dispositions.* (I arranged to go to the dentist on friday ; we arranged to meet at ten, *nous sommes convenus de nous voir à 10 h.*)
5. **to get rid of** : *se débarrasser de ;* ex : this old machine is no use ; I shall be glad to get rid of it.
6. **put in** : *glisser* (un mot). Put in a word for me to the boss, *glisse un mot à mon sujet au patron.*

110

Le policier posa le pied sur une chaise et, se penchant, s'approcha encore d'Howard :

— Drôle de moment pour brûler un manteau, vous ne trouvez pas ? Juste après avoir pensé que vous aviez peut-être renversé un homme avec votre voiture, voire même l'avoir tué. A qui appartenait le manteau que vous brûliez ? Au meurtrier ? Peut-être parce qu'il avait un trou laissé par la balle ?

— Non, répondit Howard.

— Ne vous êtes-vous pas mis d'accord avec quelqu'un pour tuer Frizell ? Quelqu'un qui vous aurait ensuite remis le manteau pour s'en débarrasser ?

— Non.

Howard lança un regard à Mr Luther qui écoutait attentivement et il se tint plus raide encore.

— N'avez-vous pas pu tuer Frizell, sauter dans votre voiture, et foncer chez vous, en renversant un homme au passage ?

— Shaw, c'est impossible, intervint le capitaine. Nous connaissons les heures exactes des faits. Vous ne pouvez pas vous rendre du coin de la 34e Rue et 7e Avenue à la 68e Rue et 8e Avenue en trois minutes, quelle que soit votre vitesse. Prenez-en votre parti.

Le détective garda le regard fixé sur Howard :

— Travaillez-vous chez cet homme ? interrogea-t-il en désignant Mr Luther du menton.

— Oui.

— Quel est votre travail ?

— Je suis représentant de la société "Articles de sports William Luther", sur le secteur de Long Island. Je vends nos articles aux écoles et aux magasins de la région.

---

7. **no matter how fast you drive** : *quelle que soit la vitesse à laquelle vous conduisez ;* ici **(it makes) no matter...** *qu'importe !* **No matter what you do,** *quoi que vous fassiez.* **No matter how you do it,** *quelle que soit la manière dont vous le fassiez.*

8. **face it** : *affronter* (l'ennemi, la réalité), *faire face.*

9. **salesman** : *vendeur.* **Door to door salesman,** *représentant* (à domicile).

10. **goods** : *marchandises*

11. **store** : amér. *magasin ;* en GB on retrouve le mot dans **department store,** *grand magasin.*

12. **out there** : (amér.) *là-bas ;* **out here,** *ici.*

I report to the Manhattan store at nine and at five."
He recited it[1] like a parrot. He felt weak in the
knees[2]. But his alibi was holding — like a stone wall[3].

"Okay," the detective said, taking his foot down
from the chair and turning from Howard to the
Captain[4]. "We're still working on the case. It's still
wide open[5] for any news, any clues[6]." He smiled at
Howard, a cold smile of dismissal[7]. Then he said,
"By the way[8], have you ever[9] seen this before ?" He
brought his hand out of his pocket with the little
revolver from Bennington in his palm.

Howard frowned at it. "No, I haven't seen it before."

The man pocketed the gun. "We may want to talk
to you again," he said with another faint smile.

Howard felt Mr. Luther's hand on his arm. They
went out into the street.

"Who's George Frizell ?" Mr. Luther asked.

Howard wet his lips. He felt very strange — as if
he had just been hit over the head and his brain had
gone numb[10]. "A friend of a friend. A friend of a
girl I know."

"And the girl[11] ? Mary Purvis, was it ? Are you in
love with her ?"

Howard didn't answer. He looked down at the
ground as he walked.

"Is she the one[12] who accused you ?"

"Yes," Howard said.

---

1. **he recited it :** to recite, *réciter une leçon, un poème ;*
toutefois, **to say a lesson** est une expression plus courante.
2. **he felt weak in the knees :** « *il se sentait faible dans
les genoux* ».
3. **a stone wall :** « *un mur de pierre* ».
4. **the Captain :** △ quand le mot captain est suivi de son
nom, on omet l'art., cf. plus haut : Captain Mac Caffery.
5. **wide open :** ici l'adv. wide modifie open : *grand ouvert,*
comme dans les expr. suivantes : **open your mouth wide,**
ouvrez grand la bouche ; **her eyes were wide open,** *ses
yeux étaient grands ouverts ;* **he was wide awake,** *il était
parfaitement réveillé.*
6. **clues :** *fils, indications, indices.*
7. **dismissal :** vient de to dismiss, *congédier, donner
congé.* To get dismissed, *recevoir son congé.* Syn. de to

112

Je retourne au siège de Manhattan à 9 h et à 17 h.

Il débitait ces paroles comme un perroquet. Il sentait ses genoux faiblir. Mais son alibi tenait bon, comme du béton.

— C'est bon, fit le détective, retirant son pied de la chaise et se détournant d'Howard pour s'adresser au capitaine. Nous restons sur l'affaire. Nous sommes prêts à recevoir tout fait nouveau, tout indice. » Il sourit à Howard, d'un sourire glacial qui mettait fin à l'entretien. Mais il ajouta :

— A propos, avez-vous déjà vu ceci ?

Il avait tiré la main de sa poche ; dans sa paume se trouvait le petit revolver acheté à Bennington.

A sa vue Howard fronça les sourcils :

— Non, je ne l'ai jamais vu.

L'homme rempocha le revolver.

— Nous aurons peut-être besoin de vous parler encore, termina-t-il avec un faible sourire.

Howard sentit la main de Mr Luther sur son bras. Il sortirent dans la rue.

« Qui est Georges Frizell ? interrogea Mr Luther.

Howard s'humecta les lèvres. Il se sentait dans un état second, comme s'il avait reçu un coup sur la tête et que son cerveau s'était engourdi.

— L'ami d'une amie, l'ami d'une jeune fille de ma connaissance.

— Et cette fille, Mary Purvis sans doute ? Êtes-vous amoureux d'elle ? »

Howard ne répondit pas. Il marchait la tête baissée.

« Est-ce celle qui vous a accusé ?

— Oui, dit Howard.

---

dismiss : to fire, to sack, to axe, to lay off.

8. **by the way :** *à propos.*

9. **ever :** dans des phrases interrogatives : *à un certain moment, déjà, jamais,* ex. : **have you ever been there ?** *êtes-vous déjà allé là-bas ?* **Is he ever at home ?** *Est-il jamais chez lui ?* Dans des phrases négatives : **nothing ever happens in this village,** *rien n'arrive jamais dans ce village.*

10. **had gone numb :** to go numb, *s'engourdir ;* cf. to go crazy mad, *devenir fou.* To go berserk [bə's3:k], *devenir fou furieux.*

11. **the girl :** the a valeur de démonstratif = **that girl.**

12. **the one who :** *celui qui, celle qui.* Plur. : **the ones.**

Mr. Luther's grip tightened on his arm. "You look like you could [1] stand [2] a drink... Don't you want to go in ?"

Howard saw that they were standing in front of a bar. He opened the door.

"She's probably very upset, you know," Mr. Luther said. "Women get like that [3]. It was a friend of hers who was shot, wasn't it ?"

Now it was Howard's tongue that was paralyzed, though his brain was spinning. He was thinking that he couldn't ever [4] go back to work for Mr. Luther after this, that he couldn't trick [5] a man like Mr. Luther... Mr. Luther was talking on and on [6]. Howard picked up the little jigger [7] glass and drank half of it. Mr. Luther was telling him that Lyles would get him off [8] as easily as he could possibly be got off.

"You've got to be more careful, Howard. You're impulsive, I've always known that. It has its good and bad sides, of course. But tonight — I have a feeling you knew you might have hit that man."

"I've got to make a phone call [9]," Howard said. "Excuse me for a minute [10]." He hurried to the booth [11] at the back of the bar. He had to hear it from her. She had to be home. If she weren't home, he'd drop dead [12], right there [13] in the phone booth. He'd explode.

"Hello." It was Mary's voice, dull [14] and lifeless.

---

1. **you look like you could** : (amér.) pour you look as if...
2. **to stand** : △ici *supporter* ; to stand a round : *payer une tournée.*
3. **women get like that** : pour get upset, *se laisser émouvoir.*
4. **couldn't ever** : ou could never.
5. **to trick** : *tromper, duper, mystifier.* A trick, *un tour.* To play a trick on someone, *jouer un tour à quelqu'un.*
6. **on and on** : on marque la continuation de l'action ; on and on, *encore et encore, de façon interminable.*
7. **jigger** : (US) sorte de petit verre (42 cm³) servant de mesure de capacité pour boissons et liqueurs. Par extension, *petit verre.*
8. **get him off** : ici emploi de get + prép. (un des multiples sens de ce verbe), to get something ou somebody into, *faire*

La pression de Mr Luther sur son bras s'accentua.

« — Il me semble qu'un verre ne vous ferait pas de mal... On entre ici ? »

Howard vit qu'ils étaient en face d'un bar. Il poussa la porte.

« Elle doit probablement être très affectée, vous savez, dit Mr Luther. Les femmes sont comme ça. C'est un ami à elle qui a été abattu, n'est-ce pas ?

Maintenant Howard avait la langue paralysée, alors que les idées tournoyaient dans sa tête. Il pensait qu'il ne pourrait jamais retourner travailler chez Mr Luther car il ne pourrait continuer à tromper un tel homme...

Mr Luther n'arrêtait pas de parler, et Howard saisit son petit verre pour en avaler la moitié. Mr Luther lui assurait que Lyles le tirerait de cette affaire aussi facilement que possible.

« Vous devez faire plus attention, Howard. Vous êtes impulsif.. Je l'ai toujours su. Cela a de bons et de mauvais côtés, d'accord. Mais ce soir... J'ai l'impression que vous saviez que vous aviez pu heurter cet homme...

— Je dois téléphoner, interrompit Howard. Excusez-moi ; j'en ai pour une minute. »

Il se précipita à la cabine téléphonique, derrière le bar. Il fallait qu'il l'entende de la bouche de Mary ; il fallait qu'elle soit chez elle ; dans le cas contraire, il tomberait raide mort, là, dans la cabine ; il exploserait littéralement.

« Allô. »

C'était la voix de Mary, morne et sans vie.

---

entrer ; **away from**, renvoyer, faire sortir ; **through**, faire traverser ; **back to**, faire revenir, etc.

9. **to make a phone call :** △ emploi idiomatique de to **make**, donner un coup de téléphone.

10. **minute :** ['minit].

11. **booth :** cabine (ici téléphonique) ; **polling booth**, isoloir. **Prospection booth**, cabine de prospection.

12. **drop dead :** to drop, dropped, dropping, tomber.

13. **right there** = right here. Amér. : juste là, juste ici. En anglais on retrouve right adv. dans les expr. : **right in the middle**, juste au milieu ; **right away**, immédiatement.

14. **dull :** gris, éteint, morne, terne, d'où 1) lent (esprit), 2) sourde (douleur, sensation), 3) sans éclat (couleur, cheveux, visage).

"Hello, Mary, it's me. You didn't — what did you say to the police ?"

"I told them," Mary said slowly, "that you killed my friend."

"Mary !"

"I hate you."

"Mary, you don't mean[1] that !" he cried out[2]. But she did mean it[3] and he knew it.

"I loved him and I needed him and you killed him," she said. "I hate you."

He clenched his teeth, letting the words[4] echo in his brain. The police weren't going to get[5] him. She couldn't do that to him, anyway. He hung up[6].

Then he was standing at the bar, and Mr. Luther's calm[7] voice was going on as if it had never stopped while Howard telephoned.

"People[8] have to pay, that's all," Mr. Luther was saying. "People have to pay for their mistakes and not make them again... You know I think a lot of you[9], Howard. You'll live through this all right[10]." A pause. "Did you just talk[11] to Miss Purvis ?"

"I couldn't reach her," Howard said.

Ten minutes later he had left Mr. Luther and was riding downtown in a taxi. He had told the driver to stop at Thirty-seventh and Seventh[12], so that in case he was being followed by the police, he could just walk on from there and keep clear of his car[13].

---

1. **mean** : ici autre sens de **mean**, *penser, exprimer sa pensée, savoir ce que l'on dit*. He certainly meant what he said, *il pensait vraiment ce qu'il disait* (ce n'était pas une plaisanterie).
2. **to cry** : 1) *pleurer*. 2) *crier* ; ex. : to cry down, *déprécier* ; to cry off, *se dédire* ; to cry out a name, *crier un nom*.
3. **she did mean it** : formule d'insistance, I do think, *je pense vraiment*.
4. **letting the words echo** : let + inf. sans to. Let him go, *laisse-le partir*. Don't let the fire go out, *ne laisse pas le feu s'éteindre*.
5. **to get** : ici sens de *prendre*, d'*attraper*.
6. **he hung up** : (to hang, I hung, hung) ; noter le sens de hang on, *ne quittez pas*... Décrocher (le téléphone) : to

— Allô, Mary, c'est moi. Tu n'as... Qu'as tu raconté à la police ?

— Je leur ai dit, annonça-t-elle lentement, que tu avais tué mon ami.

— Mary !

— Je te déteste.

— Mary ! Tu ne le penses certainement pas, cria-t-il.

Mais elle le pensait, et il le savait.

— Je l'aimais, j'avais besoin de lui, et tu l'as tué, dit-elle ; je te hais ! »

Il serra les dents, laissant les mots pénétrer son esprit. La police ne l'aurait pas. Mary ne pouvait rien contre lui, de toute façon. Il raccrocha.

Il était de nouveau devant le bar et Mr Luther continuait d'une voix calme à débiter son discours comme s'il ne s'était pas interrompu pendant qu'Howard téléphonait.

« On doit payer, c'est tout, disait Mr Luther, pour les fautes commises et ne pas recommencer... Vous savez tout le bien que je pense de vous, Howard. Vous traverserez toutes ces épreuves. (Un silence.) Avez-vous parlé à miss Purvis ?

— Je n'ai pas pu la joindre », répondit Howard.

Dix minutes plus tard, ayant quitté Mr Luther, il roulait en taxi vers le centre de la ville. Il avait demandé au chauffeur de le déposer au coin de la 37ᵉ Rue et de la 7ᵉ Avenue, car si la police le filait il marcherait tranquillement, sans s'occuper de sa voiture.

---

lift, to pick up the receiver.

7. **calm** : [ka:m].

8. **people** : au sing. : *les gens* ; **peoples** : *les peuples*.

9. **I think a lot of you** : *je pense beaucoup de bien de vous.*

10. **you'll live though this all right** : to go through, to live though, *traverser*. Alright ou allright : 2 orth. possibles.

11. **did you just talk** : c'est le **present perfect** qu'on emploie normalement avec just. Mais ce temps est de plus en plus souvent remplacé par le prét. aux USA.

12. **Seventh** : sous-entendu avenue. Noter qu'une adresse est déterminée par les deux rues qui se croisent à cet endroit et non par le n° dans la rue.

13. **keep clear of his car** : familier. To keep clear of something, *rester, se tenir à distance de quelque chose.*

He got out at Thirty-seventh Street, paid the driver, and glanced around him. He saw no car[1] that seemed to be trailing him. He walked in the direction of Thirty-fifth Street. The two straight[2] ryes[3] with Mr. Luther had braced him[4]. He walked quickly, with his head up[5], and yet in a curious, frightening way he felt utterly lost[6]. His green Pontiac was standing at the curb[7] where he had left it. He got out his keys and opened the door.

He had a ticket — he saw it as soon as he sat down behind the wheel[8]. He reached around[9] and pulled it from under the windshield wiper[10]. A parking ticket. A small matter[11], he thought, so small that he smiled. Driving homeward, it occurred[12] to him that the police had made a very silly slip in not relieving[13] him of his driving license when they had him at the station, and he began to laugh at this. The ticket lay[14] beside him on the seat. It looked so petty, so innocuous compared to what he had been through, that he laughed at the ticket, too.

Then just as suddenly, his eyes filled with tears. The wound[15] that Mary's words had made in him was still wide open, had not yet begun to hurt, he knew. And before it began to hurt, he tried to fortify himself. If Mary persisted in[16] accusing him, he'd demand[17] that she be examined[18] by a psychiatrist. She wasn't completely sane, he'd always known that.

---

1. **he saw no car** = didn't see any car.
2. **straight** : quand il s'agit de whisky : *sec.*
3. **rye** : sorte de whisky distillé à partir du seigle.
4. **braced him** : *renforcer, étayer ;* ici, *revigorer.* To brace someone up, *redonner de la vigueur à qqn.*
5. **with his head up** : △ne pas oublier l'adj. poss. ; ex. : he was walking with his hands in his pockets.
6. **utterly lost** : *complètement, entièrement perdu.*
7. **curb** : orthographe U.S. de **kerb**, *le bord du trottoir.*
8. **wheel** : *roue ;* the front wheel, the back wheel, *la roue avant, la roue arrière ;* ici, *le volant ;* the steering-wheel, *le gouvernail.*
9. **he reached around** : « il l'atteignit en faisant un cercle de son bras ».
10. **windshield wiper** : amér : *essuie-glace* (anglais :

118

Il descendit à la 37ᵉ Rue, paya le taxi et regarda tout autour. Il ne vit aucune voiture qui semblât le suivre dans les parages. Il se dirigea vers la 35ᵉ Rue. Les deux verres de whisky sec qu'il avait bus avec Mr Luther l'avaient remis d'aplomb. Il marchait vite, la tête haute, et pourtant de façon inexplicable, terrifiante, il se sentait irrémédiablement perdu. Sa Pontiac verte l'attendait le long du trottoir où il l'avait laissée. Il prit ses clefs pour ouvrir la portière.

Il avait une contravention... Il vit le papillon dès qu'il se fut installé au volant. Il sortit la main et le retira de dessous l'essuie-glace. Une contravention pour stationnement interdit. Une babiole, pensa-t-il, une chose si peu importante qu'il en sourit. Tout en rentrant chez lui, il lui apparut que la police avait commis une erreur insigne en ne lui retirant pas son permis de conduire quand il était au commissariat, et cette réflexion le fit rire. La contravention était posée sur le siège, à côté de lui, et ce papier avait l'air si anodin, si insignifiant en comparaison de ce qu'il venait de subir que cela le fit rire aussi.

Alors brusquement ses yeux s'emplirent de larmes. La blessure causée par les mots de Mary restait béante, et il savait qu'il n'avait pas encore commencé vraiment à souffrir. Il essaya, en prévision, de rassembler ses forces.

Si Mary persistait dans ses accusations, il exigerait qu'elle soit examinée par un psychiatre. Elle n'avait pas une santé mentale parfaite, il l'avait toujours su.

---

screen wiper) ; windscreen, *pare-brise*.
11. **matter** : subst. ; ici, *affaire, chose, cas.* It's no great matter it's small matter, *c'est peu de chose.*
12. **occurred** : to occur : *arriver* (pour un événement) ; ici *venir à l'esprit.*
13. **relieve** : to relieve : *soulager ;* to relieve somebody of something, *soulager quelqu'un d'un fardeau.*
14. **lay** : ▲ ne pas confondre to lie, I lay, lain, *être posé ou étendu* et to lay, I laid, laid, *poser.* Ici prét. de to lie.
15. **wound** : [wu:nd], *blessure.*
16. **to persist in doing** : noter la construction de ce v. : in + gérondif.
17. **he would demand** : ▲ *exiger.* ▲ + subj. (that she be) she's a very demanding person, *c'est une personne très exigeante.*
18. **examine** : [ɪg'zæmin].

He'd tried to get her to go to a psychiatrist[1] about George, but she'd always refused. She didn't have a chance[2] with her accusations, because he had an alibi — a perfect alibi. But if she did persist —

Mary had really encouraged him to kill George — he was sure of that now. She had really put the idea into his head with a thousand things she had hinted[3]. *There's no way out*[4], *Howard, unless*[5] *he dies.* So he had killed him — for *her* — and Mary had turned on him. But the police weren't going to get him.

There was a stretch[6] of about fifteen feet of parking space near his apartment house, and Howard slid[7] in next to the curb. He locked the car, then went into his house.

The smell of burned cloth still lingered[8] in his apartment, and it struck him as odd[9], because he felt that so much time had passed. He scanned[10] the parking ticket[11] again in the better light.

He saw suddenly that his alibi was gone.

The ticket had been written at 5:45 — exactly.

---

1. **psychiatrist** : [saɪˈkaɪətrɪst].
2. **chance** : bien que ce mot ait la plupart du temps le sens de *hasard*, ici c'est bien *la chance* (de réussir).
3. **hinted** : to hint, *faire allusion*. What are you hinting at, *à quoi faites-vous allusion ?*
4. **there's no way out** : way out, *sortie* (théâtre, autoroute) ; way in, *entrée*.
5. **unless** : *à moins que* + ind. I shall go there to Moscou, unless it rains, *à moins qu'il ne pleuve*.
6. **a stretch** : vient de to stretch, *s'étendre* ; a stretch, *une étendue, un espace*.

Il avait bien essayé de l'adresser à un spécialiste pour éclairer ses relations avec Georges, mais elle avait toujours refusé. Elle n'avait aucune chance de réussir à le faire accuser en raison de son alibi, un alibi parfait. Mais si elle s'obstinait...

Mary l'avait effectivement encouragé à tuer Georges... Il en était absolument persuadé maintenant. Elle avait fini par lui mettre cette idée en tête grâce à mille allusions. « Nous n'en sortirons jamais, Howard, sauf s'il meurt. » Et il l'avait tué, lui, pour elle, et Mary s'était retournée contre lui, mais la police ne l'aurait pas.

Il y avait une place libre près de son immeuble et il y glissa sa voiture, tout contre le trottoir. Après avoir fermé la porte, il entra chez lui.

L'odeur de tissu brûlé flottait encore dans l'appartement et il la trouva étrange, car tant de temps s'était écoulé depuis, lui semblait-il. Il profita de la lumière pour mieux examiner sa contravention.

Il vit d'un seul coup que son alibi s'était effondré.

La contravention avait été dressée à 17 h 45 exactement.

---

7. **slid** : to slide, I slid, slid ; *glisser, se glisser.*
8. **lingered** : 1) *s'attarder ;* his guests lingered until the early hours in the morning ; 2) *demeurer :* the memories... lingered on our minds ; 3) *traîner* (à faire une tâche).
9. **odd** : adj. 1) *impair* (chiffre) ; 2) *étrange :* he was an odd character with strange habits ; 3) *inhabituel :* it's odd that she didn't answer my letter ; 4) *dépareillées* (socquettes) ; odd jobs : *des petits travaux.*
10. **scanned** : to scan, *scruter, regarder très attentivement* (cf. en médecine, un scanner).
11. **ticket** : 1) *billet ;* 2) *étiquette ;* 3) *reçu ;* 4) *contravention.*

Homebodies*

Cadavres à domicile

---

* m. à m. : (des gens) *casaniers*, *bien tranquilles, qui ne sortent pas de chez eux.*

The incident in the garage was the third near catastrophe [1] in the Amory household, and it put a horrible thought into Loren Amory's head : his darling Olivia was trying to kill herself.

Loren had pulled at [2] a plastic clothesline dangling [3] from a high shelf [4] in the garage — his idea had been to tidy up [5], to coil the line properly — and at that first tug [6] an avalanche [7] of suitcases loaded [8] and empty, an old lawnmower [9], and a sewing machine weighing God knows what crashed down on the spot he barely [10] had time to leap [11] from.

Loren walked slowly back to the house, his heart pounding under his awful discovery, entered the kitchen and made his way [12] to the stairs. Olivia was in bed, propped against pillows, a magazine in her lap. "What was that terrible noise, dear ?"

Loren cleared his throat and settled his black-rimmed glasses more firmly on his nose. "A lot of stuff [13] in the garage. I pulled just a little bit on a clothesline —" He explained what had happened.

She blinked calmly as if to say, "Well, so what ? Things like that do happen."

"Have you been up in the loft [14] for anything lately ?"

"Why [15] no. Why ?"

"Because — everything was just poised to fall [16], darling."

"Are you blaming me ?" she asked in a small voice.

---

1. **the third near catastrophe** : « *le troisième proche de la catastrophe* » ; noter la prononciation [kəˈtæstrəfɪ].
2. **pulled at** : to pull ≠ to push. To pull a button ≠ to push a button. To pull at a rope, *tirer sur une corde*.
3. **dangling** : *qui pend*, au sens de *se balancer mollement*. With one's legs dangling, *les jambes ballantes*.
4. **shelf** : plur. **shelves**. *étagères*.
5. **to tidy up** : v., *ranger, mettre de l'ordre dans*. A clean and tidy room, *une chambre propre et nette*.
6. **tug** : ici subst. : a tug, *une traction brusque* ; to tug (tugged), *tirer fort*.
7. **avalanche** : [ˈævəlɑːnʃ].
8. **loaded** : p.p. de to load, rég., ici *chargées, pleines*.
9. **lawnmower** : lawn, *pelouse*. To mow, I mowed, mowed ou **mown**, *tondre*.

124

Avec l'incident du garage, on avait pour la troisième fois frôlé la catastrophe dans la maison des Amory, et cela mit dans l'esprit de Loren Amory une pensée horrible : son Olivia chérie essayait de se tuer.

Loren avait tiré sur une corde à linge en plastique qui pendait d'une étagère haut placée dans le garage — il voulait mettre de l'ordre, et enrouler correctement la corde — et dès qu'il tira dessus, une avalanche de valises vides et pleines, une vieille tondeuse, et une machine à coudre qui pesait des tonnes s'abattirent à l'endroit précis où il se trouvait ; il eut à peine le temps de s'écarter d'un bond.

Loren retourna à la maison à pas lents, le cœur battant sous l'effet de cette affreuse révélation ; il entra dans la cuisine et se dirigea vers l'escalier. Olivia était au lit, nichée entre les coussins, un magazine sur les genoux.

« Qu'est-ce que c'était que ce bruit terrible, chéri ?

Loren toussa pour s'éclaircir la voix et remit ses lunettes à monture noire en meilleur équilibre sur son nez.

— Un tas de trucs dans le garage : j'ai simplement un peu tiré sur la corde à linge. »

Il expliqua ce qui était arrivé.

Calmement, elle cligna des yeux ; comme pour dire « et alors ? ce sont des choses qui arrivent ! »

« Est-ce que tu as récemment eu l'occasion de monter au grenier ?

— Eh bien, non ! Pourquoi ?

— Parce que disposés de cette façon, ces objets devaient tomber, ma chérie.

— Est-ce que c'est un reproche ? demanda-t-elle d'une petite voix.

---

10. **barely** : *à peine, tout juste.* **He can barely read and write,** *il sait tout juste lire et écrire.*
11. **leap** : to leap, *sauter, bondir.*
12. **made his way** : to make one's way : 1) *se frayer un chemin* (ici). 2) *faire son chemin dans la vie, réussir.*
13. **stuff** : junk, *ensemble d'objets* de nature indéterminée, *truc, machin, fatras.*
14. **loft** : 1) *grenier, soupente.* 2) (US) *partie supérieure* d'un bâtiment, d'un grand magasin.
15. **why** : sans point d'interrogation, *eh bien.*
16. **poised to fall** : « *équilibré pour tomber* ».

"Blaming [1] your carelessness, yes. I arranged those suitcases up there, and I'd never have put them so they'd fall at a mere touch. I didn't put the sewing machine on top of the heap. Nobody would have. I'm not saying —"

"Blaming my carelessness," she repeated, affronted.

He knelt [2] quickly beside the bed. "Darling, let's not hide things any more. There was the carpet sweeper [3] on the cellar stairs last week. And that ladder ! You were going to climb it to knock down that wasps' [4] nest ! — What I'm getting at [5], darling, is that you want something to happen to you [6], whether you realize it or [7] not. You've got to be more careful, Olivia. — Oh, darling, please don't cry. I'm trying to help you. I'm not criticizing."

"I know, Loren. You're good. But my life — doesn't seem worth living [8] any more, I suppose. I don't mean I'm trying to end my life, but —"

"You're still thinking — of Stephen ?" Loren hated the name and hated saying it.

She took her hands down from her pinkened eyes. "You made me promise you not to think of him, so I haven't. I swear it, Loren."

"Good, darling. That's my little girl." He took her hands in his [9]. "What do you say to a cruise [10] soon ? Maybe in February ? Myers is coming back from the coast and he can take over [11] for me for a couple of weeks. What about Haiti or Bermuda ?"

---

1. **to blame :** ▲ to blame somebody for something, reprocher quelque chose à quelqu'un.
2. **knelt :** to kneel, I knelt, knelt, s'agenouiller.
3. **the carpet sweeper :** to sweep, balayer ; **the carpet,** le tapis.
4. **wasps :** guêpes ; mais noter, au passage, le sigle **WASP :** White Anglo Saxon Protestant qui désigne, aux E.U., les « Anglo-Saxons blancs et protestants », de tendance conservatrice, par opposition aux autres communautés d'ethnie ou de religion différentes.
5. **what I'm getting at :** to get at, parvenir à, atteindre (un endroit, un point) ; **what are you getting at,** où voulez-vous en venir ?
6. **you want something to happen to you :** prop infinitive.

— Oui, je te reproche ta négligence ; c'est moi qui ai rangé ces valises et je ne les aurais sûrement pas disposées de telle sorte qu'elles tombent au moindre contact. Je n'ai certainement pas mis la machine à coudre au sommet de la pile — personne n'aurait fait cela. Je ne veux pas dire que...

— Tu me reproches ma négligence, répéta-t-elle, vexée.

Il se jeta à genoux au bord du lit.

— Chérie, ne nous cachons pas la vérité. La semaine dernière, il y a eu le balai mécanique dans l'escalier de la cave, ensuite cette échelle ! Tu allais grimper dessus pour détruire ce fameux nid de guêpes. Ce que je cherche à te faire comprendre, chérie, c'est que tu veux qu'il t'arrive quelque chose, que tu en sois consciente ou pas. Il faut que tu sois plus vigilante, Olivia. Oh, ma chérie, je t'en prie, ne pleure pas. Je ne te juge pas, j'essaie simplement de t'aider.

— Je sais, Loren. Tu es bon. Mais ma vie ne me paraît plus digne d'être vécue, j'imagine. Je n'ai pas vraiment l'intention d'essayer de mettre fin à mes jours, mais...

— Tu penses encore... à Stephen ? Loren avait horreur de ce prénom et avait horreur de le prononcer.

Elle ôta ses mains de ses yeux rougis.

— Tu m'as fait promettre de ne plus penser à lui, et je n'y ai plus pensé. Je te le jure, Loren.

— C'est bien, ma chérie. Je retrouve ma petite fille. (Il prit ses mains dans les siennes.) Que dirais-tu d'une croisière dans un avenir proche ? En février, peut-être ? Myers va revenir de la côte Ouest et il peut me remplacer pendant deux semaines. Si on allait à Haïti ou aux Bermudes ?

---

7. **whether... or** : ici, *que... ou*. **Whether you like it or not, you'll have to do it**, *que cela vous plaise ou pas, vous le ferez*. **Whether rich or poor, old or young, all have to die**, *qu'ils soient riches ou pauvres,... les hommes sont mortels*.

8. **doesn't seem worth living** : 1) **to be worth**, *valoir* ; « **how much is the picture worth ?** » 2) **to be worth** + gér. : *valoir la peine* (sens ici). **This book is worth reading**, *ce livre vaut la peine d'être lu*.

9. **his** : ici pron. possessif : *la sienne*.

10. **cruise** : [kru:z].

11. **to take over** ; *prendre la suite* (affaire). **To take over for someone**, *remplacer quelqu'un* (provisoirement).

127

She seemed to think about it for a moment, but at last shook her head [1] and said she knew he was only doing it for her, not because he wanted to.

Loren remonstrated briefly, then gave it up [2]. If Olivia didn't take to an idea at once, she never took to [3] it. There had been one triumph, his convincing her [4] that it made sense [5] not to see Stephen Castle for a period of three months.

Olivia had met Stephen Castle at a party given by one of Loren's colleagues on the Stock Exchange. Stephen was thirty-five, which was ten years younger than Loren and one year older than Olivia, and Stephen was an actor. Loren had no idea how Toohey, their host that evening, had met him, or why he had invited him to a party at which every other man was in banking or on the Exchange, but there he had been like an evil [6], alien [7] spirit, and he had concentrated on Olivia the entire evening, and she had responded [8] with her charming smiles that had captured Loren in a single evening, too, eight years ago. Afterward, when they were driving back to Old Greenwich, Olivia had said, "It's such fun [9] to talk to somebody who's not in the stock market for a change ! He told me he's rehearsing in a play now, 'The Frequent Guest.' We've got to see it, Loren."

They saw it. Stephen Castle was on [10] for perhaps five minutes in the first act.

---

1. **shook her head** : to shake, I shook, shaken, *secouer.*

2. **gave it up** : to give up, *abandonner, renoncer.* Don't give up, *tenez bon.* Never give up hope, *ne désespérez pas.*

3. **took to** : to take to, *se sentir attiré* (par quelque chose, ou quelqu'un). They took to the new method, *ils adoptèrent la nouvelle méthode.* They took to each other on first sight, *ils se sentirent attirés l'un vers l'autre, au premier regard.*

4. **his convincing her** : la forme en -ing est un gérondif qui a les caractéristiques d'un nom puisqu'il est ici précédé de **his**, et celles d'un verbe puisqu'il est suivi d'un compl. Autre ex. : do you **mind his smoking** cigars ? *cela vous dérange-t-il qu'il fume des cigares ?*

5. **it made sense** : to make sense, *être logique, cohérent.*

6. **evil** : ['i:vɪl] adj. ou nom : *mauvais* (sens moral) ou *qui cause du mal, porte malheur.*

Elle parut s'intéresser un instant à cette éventualité, mais finalement secoua la tête et dit qu'elle savait qu'il ne le faisait que pour lui faire plaisir et non parce qu'il en avait envie.

Loren protesta un peu, puis renonça. Quand Olivia ne se ralliait pas à une idée, immédiatement, c'était perdu. Une seule fois, il l'avait emporté, le jour où il l'avait convaincue qu'il valait mieux cesser de voir Stephen Castle pendant trois mois.

Olivia avait rencontré Stephen Castle lors d'un cocktail donné par un confrère de Loren à la Bourse. Stephen avait trente-cinq ans, c'est-à-dire dix ans de moins que Loren et un an de plus qu'Olivia, et Stephen était acteur. Loren n'avait aucune idée de la façon dont lui et Toohey, leur hôte, avaient fait connaissance, et ne savait pas non plus pourquoi il l'avait convié à une soirée où tous les autres invités étaient banquiers ou agents de change, mais là il était apparu comme un esprit étrange et maléfique ; il s'était intéressé exclusivement à Olivia toute la soirée, et elle avait accepté son hommage avec les même sourires enjôleurs qui avaient conquis Loren en une seule soirée, huit ans auparavant. Après, en reprenant la route d'Old Greenwich, Olivia avait dit : « Quel plaisir d'avoir un interlocuteur extérieur au monde de la Bourse pour changer. Il m'a raconté qu'en ce moment, il répétait une pièce. "L'invité permanent". Il faut qu'on aille la voir, Loren. »

Ils y allèrent. Stephen Castle apparaissait sur scène à peu près cinq minutes au premier acte.

---

7. **alien** : ['eiljən] à distinguer des mots **stranger**, simplement *étranger* au sens d'*inconnu* ; **foreigner**, *de nationalité étrangère* ; **alien**, *étranger* ou *étrange* (il y a une idée de rejet).

8. **she had responded** : ▲ a parfois le sens de *répondre* mais c'est la plupart du temps *réagir positivement*, *être sensible à*.

9. **such fun** : **fun**, *plaisir, joie, divertissement*, ▲ **fun** étant d'un sens abstrait (non comptable) n'est jamais précédé de l'article. Noter les expr. : it **wasn't** much fun, *ce n'était pas très drôle*. It was great fun, *c'était très gai*.

10. **was on** : 1) the play is on for one week, *on joue la pièce une semaine*. 2) what's on in Paris at the moment ? *qu'est-ce qu'on joue à Paris en ce moment ?*

They visited Stephen backstage[1], and Olivia invited him to a cocktail party[2] they were giving the following week-end. He came, and spent[3] that night in their guest room[4]. In the next weeks, Olivia drove her car into New York at least twice[5] a week on shopping expeditions, but she made no secret of the fact she saw Stephen for lunch on those days and sometimes for cocktails, too.

At last, she told Loren she was in love with Stephen and wanted a divorce.

Speechless at first, even inclined to grant[6] her a divorce by way of being sportsmanlike, Loren, forty-eight hours after her announcement, came to what he considered his senses[7]. By this time, he had measured[8] himself against his rival not merely physically (Loren did not come off[9] so well there, being no taller than Olivia, with a receding hairline[10] and a small paunch[11]) but morally and financially as well. In the last two categories, he had it all over Stephen Castle, and modestly he pointed this out[12] to Olivia.

"I'd never marry[13] a man for his money," she retorted.

"I didn't mean you married me for my money, dear, I just happened to have it[14]. But what's Stephen Castle ever going to have ? Nothing much, from what I can see of his acting. You're used to more than he can give you. And you've known him only six weeks[15]. How can you be sure his love for you is going to last ?"

---

1. **backstage** : adv. : *derrière la scène, dans les coulisses.*
2. **cocktail party, dinner party** : *cocktail, dîner.*
3. **spent** : to spend, I spent, spent, *passer* (du temps) ; autre sens : *dépenser* (argent).
4. **guest room** : autre mot : **spare room.**
5. **twice** : once, *une fois,* **three times,** *trois fois.*
6. **to grant** : *accorder* (comme une faveur). **He was granted her mission to,** *il reçut la permission de ;* **God grant it,** *Dieu le veuille ;* **this being granted,** *ceci posé.*
7. **his senses** : étymologiquement, *les sens, ce qu'on ressent,* d'où *le bon sens.* **Sense ≠ nonsense,** *l'absurde.*
8. **measure** : ['meʒə].
9. **come off** : peut avoir des sens différents. 1) ici : *être à son avantage, ressortir.* 2) **come off it,** *arrête ton char.* 3) **the project didn't come off,** *le projet n'a pas abouti.*

130

Ils se rendirent dans sa loge et Olivia l'invita à un cocktail qu'ils donnaient le week-end suivant. Il y vint et passa la nuit dans la chambre d'amis. Pendant les semaines qui suivirent, Olivia alla au moins deux fois par semaine faire des courses à New York, mais elle ne cachait pas qu'elle rencontrait Stephen ces jours-là pour déjeuner, et aussi à des cocktails.

Finalement, elle déclara à Loren qu'elle était amoureuse de Stephen et qu'elle voulait divorcer.

D'abord interloqué, et même prêt à lui accorder le divorce pour être fair-play, Loren, quarante-huit heures après ce discours, revint à une attitude qu'il jugeait raisonnable. Entre-temps, il avait pu évaluer ses atouts comparés à ceux de son rival, non seulement sur le plan physique (Loren n'était pas tellement à son avantage dans ce domaine, il était à peine plus grand qu'Olivia, avait une calvitie naissante et un peu de ventre) mais aussi sur le plan moral et financier. Dans ces deux derniers domaines, il surpassait largement Stephen Castle et, en toute modestie, il se permit de le faire remarquer à Olivia.

« Jamais je n'épouserais un homme pour son argent, répliqua-t-elle.

— Je ne dis pas que tu m'as épousé pour mon argent, ma chérie, mais il se trouvait que j'en avais. Mais quel avenir a Stephen Castle ? Rien de très brillant à en juger par ses talents d'acteur. Tu es habituée à plus qu'il ne peut te donner. Et tu ne le connais que depuis six semaines. Comment peux-tu être certaine que son amour pour toi va durer ? »

---

10. **with a receding hair line** : « *avec une naissance de cheveux qui reculait* ».

11. **paunch** : *panse, bedaine.*

12. **pointed out** : to point... out : *montrer de façon à faire ressortir, souligner, faire remarquer.*

13. **marry** : v. transitif, to marry someone, *épouser quelqu'un.*

14. **I just happened to have it** : « *il se trouvait que je l'avais* ». If you happen to meet, *si vous rencontrez par hasard* ; it happened to be a fine day, *il se trouvait qu'il faisait beau.*

15. **you've known him only six weeks** : l'action est commencée dans le passé et continue au présent. L'anglais emploie le present perfect : have + p.p. I have lived in this house for three years, *j'habite dans cette maison depuis trois ans.*

131

That last thought did give Olivia pause. She said she would see Stephen just once more "to talk it over[1]." She drove to New York one morning and did not return until midnight. It was a Sunday, when Stephen had no performance[2]. Loren sat up[3] waiting for her. In tears, Olivia told him that she and Stephen had come to an understanding. They would not see each other for a month, and if at the end of that time they did not feel the same way about each other[4], they would agree to forget the whole thing.

"But of course you'll feel the same," Loren said. "What's a month in the life of an adult ? If you'd try[5] it three months —"

She looked at him through tears. "Three months ?"

Against[6] the eight years we've been married[7] ? Isn't that fair[8] ? Our marriage deserves a three-month chance[9] too, doesn't it ?"

"All right, it's a bargain[10]. Three months. I'll call Stephen tomorrow and tell him. We won't see each other or telephone for three months[11]."

From that day on[12], Olivia had gone into a decline. She lost interest in gardening, in her bridge club, even in clothes[13]. He appetite fell off, though she did not lose much weight, perhaps because she was proportionately inactive. They had never had a servant. Olivia took pride[14] in the fact she had been a working girl, a saleswoman in the gift department of a large store in Brooklyn, when Loren met her.

---

1. **to talk it over** : over signifie ici *dans son ensemble*, to look it over, *examiner le problème à fond* ; to think it over, *réfléchir au problème en entier* ; to talk it over, *discuter sur l'ensemble, faire le point.*

2. **performance** : *représentation.*

3. **sat up** : to sit, I sat, sat, *s'asseoir.* To sit up (in bed), *se redresser sur son lit.* To sit up (late), *veiller.*

4. **each other** : pronom réfléchi ; to hate each other, *se détester* ; avec une préposition, noter la construction : they are afraid of each other, *ils ont peur l'un de l'autre.*

5. **if you'd try** : if you would try. Would a ici le sens de *vouloir.*

6. **against** : *contre* ; *par rapport à.*

7. **we've been married** : cf. note 15, p. 131 .

8. **fair** : fair play, *juste, honnête, correct.* He was not quite fair to me, *il ne fut pas très juste à mon égard.* Did

---

Cette dernière considération fit réfléchir Olivia. Elle dit qu'elle voulait voir Stephen encore une fois pour « faire le point ». Elle prit sa voiture un matin, alla à New York et ne rentra qu'à minuit. C'était un dimanche, jour de relâche pour Stephen. Loren veilla jusqu'à son retour. Olivia, en larmes, lui raconta que Stephen et elle étaient arrivés à un accord. Ils ne se verraient pas pendant un mois, et si, à la fin de ce laps de temps, ils n'éprouvaient plus les mêmes sentiments l'un pour l'autre alors ils décideraient d'oublier toute cette histoire.

« Mais bien sûr, vous éprouverez encore les mêmes sentiments, dit Loren. Que représente un mois dans la vie d'un adulte ? Si au moins vous faisiez un essai de trois mois ! »

Elle le regarda à travers ses larmes :

— Trois mois ?

— Par rapport à nos huit ans de mariage ? N'est-ce pas honnête ? Notre mariage mérite bien qu'on lui accorde un sursis de trois mois, n'est-ce pas ? »

« D'accord, j'accepte le marché. Trois mois. J'appellerai Stephen demain pour le mettre au courant. Pendant trois mois, nous ne nous verrons pas et nous ne nous téléphone-rons pas. »

A dater de ce jour, Olivia dépérit. Elle ne s'intéressait plus au jardinage, ni à son club de bridge, ni à ses toilettes. Elle perdit l'appétit, sans toutefois perdre du poids, peut-être parce qu'elle limitait aussi ses activités dans les mêmes proportions. Ils n'avaient jamais eu d'employée de maison. Olivia était fière d'avoir travaillé avant son mariage, comme vendeuse au rayon cadeaux d'un grand magasin de Brook-lyn, lorsque Loren l'avait rencontrée.

---

you **receive fair treatment** ? *Est-ce qu'on vous a reçu convenablement ?*

9. **a three month chance** : le compl. du nom est toujours au sing.

10. **it's a bargain** : bargain = deal (US), *affaire, marché* ; It's a deal (US), *c'est entendu, c'est convenu.* **Let's call it a deal,** *le marché est conclu.*

11. **three months** : noter la prononciation ; dans **months** au plur. le s est plus audible que le th (mʌns).

12. **from that day on** : on marque que l'action continue.

13. **clothes** : [kləuz].

14. **pride** : *orgueil, fierté.* **To be proud of,** *être fier de.*

She liked to say that she knew how to do things for herself. The big house in Old Greenwich[1] was enough to keep any woman busy[2], though Loren had bought every conceivable labor-saving device[3]. They also had a deep freeze in the cellar the size of a large closet, so that their marketing was done only rarely, and a truck delivered the stuff[4], anyway. Now that Olivia seemed low in energy, Loren proposed getting a maid, but Olivia refused. Seven weeks went by, and Olivia kept her word about not seeing Stephen.

But she was obviously so depressed, so ready to burst[5] into tears, that Loren lived on the brink[6] of weakening and telling her that if she loved Stephen so much, she had a right to see him. Perhaps, Loren thought, Stephen Castle was feeling the same way, and counting off[7] the weeks until he could see Olivia again. If so, Loren had lost already. But it was hard for Loren to give Stephen credit for feeling anything[8]. He was a lanky, rather stupid chap[9] with oat-colored hair[10], and Loren had never seen him without a sickly smile on his mouth — as if he were a human billboard[11] of himself, perpetually displaying[12] what he must have thought his most flattering expression.

Loren, a bachelor[13] until he married Olivia at thirty-seven, often sighed[14] in dismay[15] at the ways of women. For instance, Olivia now : if he had felt so strongly about another woman, he would have set about[16] promptly to extricate himself from his marriage.

---

1. **Greenwich** ['grinidʒ] : ▲ le w ne se prononce pas.
2. **to keep... busy** : *occuper.* Même construction dans les expr. : to keep someone awake, *mettre quelqu'un sur le qui-vive.*
3. **labor saving device** : « *appareils qui épargnent du travail* ».
4. **stuff** : ici *la marchandise* (nuance d'indifférence).
5. **to burst, I burst, burst** ; *éclater.*
6. **brink** : *le bord* (d'un ravin, d'un fleuve profond).
7. **counting off** : il y a dans cette expr. une image : celle de barrer chaque chiffre sur un calendrier, comme le font les enfants, ou les prisonniers avant leur libération.

Elle se plaisait à dire qu'elle savait se débrouiller toute seule. La grande maison d'Old Greenwich avait de quoi occuper une femme, bien que Loren ait acheté tous les appareils ménagers possibles et imaginables. Ils avaient aussi un congélateur à la cave de la taille d'une grande armoire, si bien qu'on ne faisait le marché que rarement ; et de plus un camion venait livrer. Voyant le manque d'énergie d'Olivia, Loren proposa de prendre une employée, mais elle refusa. Sept semaines passèrent et Olivia tint sa promesse de ne pas voir Stephen.

Mais elle était de toute évidence si déprimée, si prête à fondre en larmes, que Loren était à deux doigts de flancher et de lui dire que si elle aimait Stephen à ce point, elle avait le droit de le voir. Et sans doute, pensa Loren, Stephen Castle éprouvait-il les mêmes sentiments et comptait-il les semaines qui le séparaient du moment où il reverrait Olivia. Si c'était le cas, Loren avait déjà perdu la partie. Mais Loren avait du mal à croire Stephen capable d'éprouver un sentiment quelconque. C'était un garçon dégingandé plutôt stupide, avec des cheveux filasse ; on ne le voyait jamais qu'avec un sourire doucereux sur les lèvres, comme s'il était son propre panneau publicitaire et qu'il affichait en permanence l'expression qui lui paraissait la plus flatteuse.

Loren, célibataire jusqu'au moment où, à trente-sept ans, il épousa Olivia, était souvent attristé et consterné par le comportement des femmes ; celui d'Olivia par exemple : si lui-même avait été amoureux d'une autre femme, il aurait immédiatement entrepris de se dégager des liens du mariage.

---

8. **to give Stephen credit for feeling anything** : to give credit : *faire crédit* (argent) ; par extension : *faire crédit d'un sentiment.*

9. **chap** : (fam.) *garçon* ; syn : *guy, fellow.*

10. **oat-coloured hair** : « *aux cheveux couleur d'avoine* ».

11. **bill-board** : *panneau d'affichage, support de publicités diverses.*

12. **to display** : *étaler, faire montre de.*

13. **a bachelor** : ▲ *célibataire,* sans connotation particulière, pour un homme et, de nos jours, pour une femme. Spinster est péjoratif, *vieille fille.*

14. **to sigh** [sai] : *soupirer.*

15. **dismay** : *étonnement* mêlé de frayeur, *consternation.*

16. **to set about...** : *se mettre à, entreprendre.*

135

But here was Olivia hanging on[1], in a way. What did she expect[2] to gain from it, he wondered. Did she think, or hope, that her infatuation for Stephen might disappear ? Or did she want to spite[3] him an prove to him that it wouldn't ? Or did she know unconsciously that her love for Stephen Castle was all fantasy, and that her present depression represented to her and to him, Loren, a fitting period[4] of mourning[5] for a love she had not the courage to go out and take ?

But the Saturday of the garage incident made him doubt that Olivia was indulging[6] in fantasy. He did not want to admit that Olivia was attempting to take her own life, but his logic compelled him to[7]. He had read[8] about such people. They were different from the accident-prone[9], who might live to die a natural death, whatever that was. But there were also unconscious suicides, and into this category he thought Olivia fell[10]. A perfect example was the ladder episode. Olivia had been on the fourth or fifth rung when Loren noticed the crack in the left side of the ladder, and she had been quite unconcerned, even when he pointed it out[11] to her. And if it hadn't been[12] for her saying she felt a little dizzy looking up at the wasps' nest, he never would have started to do the chore[13] himself, and therefore wouldn't have seen the crack.

Loren noticed in the newspaper that Stephen's play was closing, and it seemed to him that Olivia's gloom[14] deepened.

---

1. **hanging on** : s'accrochant. Cf. l'expression très courante utilisée au téléphone **hang on**, ne quittez pas.
2. **to expect** : s'attendre à.
3. **to spite** : v. trans., blesser volontairement, faire mal à qqn.
4. **a fitting period** : to fit 1) aller à quelqu'un, être seyant, convenir ; it fits you perfectly, cela vous va parfaitement. A fitting period, un laps de temps qui convient.
5. **mourning** : to mourn, se lamenter. Mourning, deuil.
6. **was indulging in** : voir note p. 38.
7. **compelled him to** : to compel, forcer, contraindre, pousser à ; ici sous-entendu, admit.
8. **to read** [ri:d] I **read** [red] **read** [red] : ▲ à la pron. du prét. et du p.p.

Pourtant Olivia, curieusement, se cramponnait. Quels avantages espérait-elle en tirer, se demandait-il. Pouvait-elle penser ou espérer que son engouement pour Stephen pourrait cesser ? Ou voulait-elle blesser Loren et lui prouver le contraire ? Ou alors savait-elle inconsciemment que son amour pour Stephen était pure imagination et que son état dépressif actuel constituait en fait, pour elle et pour lui, une période de deuil convenable, pour un amour qu'elle n'avait pas le courage de vivre.

Toutefois l'incident du samedi, dans le garage, l'amena à se poser des questions : peut-être Olivia ne se contentait-elle pas de fantasmes ? Il ne voulait pas admettre qu'elle essayait d'attenter à ses jours, mais son esprit logique lui imposait cette évidence. Il avait lu des articles sur des cas analogues. Aucun rapport avec ceux qui attiraient les accidents mais pouvaient fort bien mourir de mort naturelle, quelle qu'elle soit. Mais il y avait aussi ceux qui, inconsciemment, se comportaient de façon suicidaire, et c'est dans cette catégorie qu'il classait Olivia. L'incident de l'échelle en était un exemple flagrant. Olivia était sur la quatrième ou la cinquième traverse quand Loren remarqua la fissure dans le montant gauche de l'échelle ; elle avait paru indifférente même au moment où il le lui avait fait remarquer. Si elle n'avait pas dit qu'elle avait un peu le vertige en levant la tête vers le nid de guêpes, jamais il n'aurait lui-même entrepris cette tâche, et n'aurait donc pas découvert la fissure.

Loren vit dans le journal que la pièce de Stephen allait être retirée de l'affiche et il eut l'impression qu'Olivia s'assombrissait de plus en plus.

---

9. **accident prone :** prone, au sens propre : *étendu face contre terre* (racine qu'on retrouve en français dans *pronation*). To **be prone to** something, *être enclin à, avoir tendance à*. Accident-prone, disease-prone, suicide-prone.
10. **he thought Olivia fell :** « *il pensait qu'Olivia tombait* ».
11. **he pointed it out :** to point out, *rendre visible, souligner, faire remarquer*.
12. **if it hadn't been for... he never would have started** (passé) : if it weren't for ... he would never start (prés.) ; △ la construction de la phrase avec if.
13. **chore :** (US) *corvée, tâche*.
14. **gloom :** *tristesse, pessimisme ;* **gloomy**, *sombre, mélancolique*.

Now there were circles under her eyes. She claimed[1] she could not get to sleep before dawn.

"Call him if you want to, darling," Loren said. "See him once again and find out if you both —"

"No, I made a promise to you. Three months, Loren. I'll keep my promise[2]," she said with a trembling lip.

Loren turned away from her, wretched and hating himself.

Olivia grew physically weaker[3].

Once she stumbled coming down the stairs and barely caught[4] herself on the banister. Loren suggested, not for the first time, that she see[5] a doctor or a psychiatrist, but she did not want to.

"The three months are nearly up[6], dear. I'll survive them[7]," she said, smiling sadly.

It was true. Only two more weeks remained until March 15th[8] that was the three months' deadline[9]. The Ides of March[10], Loren realized. A most ominous[11] coincidence.

Loren was looking over some office reports in his study one Sunday afternoon, when he heard a long scream, followed by a clattering crash[12]. In an instant, he was on his feet and running. It had come from the cellar, he thought, and if so, he knew what had happened. The damned carpet sweeper again !

"Olivia ?"

From the dark cellar, he heard a groan. Loren plunged down the steps.

---

1. **claimed** : *clamait, disait à haute voix* ; *réclamer* ; bagage claim : *retrait des bagages* (dans les aérodromes).

2. **promise** : (subst.) ['promis].

3. **grew weaker** : to grow, I grew, grown, s'emploie dans un grand nombre d'expr. ; to grow old, rich, clever, tall, large, *vieillir, s'enrichir*, etc.

4. **caught** : to catch, I caught, caught, *attraper* ; to catch one self on, *se raccrocher à*.

5. **suggested... that she see** : noter la construction de to suggest + that + subj. (il n'y a pas de s dans le verbe de la subordonnée).

6. **up** : cf. **time's up**, *le temps est écoulé, c'est l'heure*.

7. **survive them** : verbe trans. ; to survive a **disease**, an injury, *survivre à une maladie, une blessure*.

Elle avait maintenant des cernes sous les yeux. Elle prétendait qu'elle n'arrivait à trouver le sommeil qu'à l'aube.

« Téléphone-lui si tu veux, chérie, dit Loren ; revois-le et tu sauras où vous en êtes.

— Non, je t'ai fait une promesse. C'est trois mois, Loren. Je tiendrai ma promesse », dit-elle, la lèvre tremblante.

Loren s'éloigna d'elle ; il était malheureux et il s'en voulait. Olivia s'affaiblissait physiquement.

Elle trébucha en descendant l'escalier et se retint de justesse à la rampe. Loren lui suggéra, une fois de plus, de voir un médecin ou un psychiatre mais elle refusa.

« Les trois mois sont presque écoulés, mon chéri. J'irai jusqu'au bout », dit-elle en souriant tristement.

C'était vrai. Il ne restait que deux semaines avant le 15 mars, date de l'échéance. Les Ides de mars, pensa Loren. Coïncidence de très mauvais augure.

Un dimanche après-midi, Loren relisait des dossiers dans son bureau, quand il entendit un long cri, suivi d'un grand fracas. En quelques secondes, il bondit et se mit à courir. Le bruit venait de la cave, lui sembla-t-il, et, si c'était exact, il savait ce qui était arrivé. Encore ce maudit balai mécanique !

« Olivia ? »

Il entendit un gémissement qui provenait de la cave obscure ; Loren dévala les marches.

---

8. **March 15 th** : lire **March the fifteenth**, même si l'art. n'est pas écrit.
9. **deadline** : subst : *date limite, délai de rigueur* ; l'origine du mot était *la ligne de la mort*, dans un camp de prisonniers.
10. **the Ides of March** : *les Ides de mars* ; allusion littéraire à l'assassinat de Jules César beaucoup plus communément répandue qu'en France (sans doute grâce à Shakespeare). Désigne une période dangereuse à passer, en général.
11. **ominous** : (du latin "omen-inis", *mauvais présage*) : *qui ne présage rien de bon*. **Ominous looking-sky**, *ciel menaçant* ; **an ominous silence**, *silence lourd de menaces*.
12. **clattering crash** : « *fracas, bruyant* », bruit de bourdonnement, de ronflement.

There was a little whir-r [1] of wheels, his feet flew up [2] in front of him, and in the few seconds before his head smashed against the cement floor, he understood [3] everything : Olivia had been trying to kill him, she had not fallen down [4] the cellar steps, only lured [5] him here, and it was all for Stephen Castle.

"I was upstairs in bed reading," Olivia told the police, her hands shaking as she clutched her dressing gown close about her [6]. "I heard a terrible crash and then — I came down — She gestured helplessly toward the corpse [7].

The police took down [8] what she told them and commiserated with her. People ought to [9] be more careful, they said, about things like children's toys and carpet sweepers on dark stairways. There were fatalities like this every day in the United States. Then the body was taken away, and on Tuesday Loren Amory was buried [10]. Olivia rang Stephen on Wednesday. She had been telephoning [11] him every day except Saturdays and Sundays, but she had not rung [12] him since the previous Friday. They had agreed that any weekday she did not call him at his apartment at 11 A.M. [13] would be a signal [14] that their mission had been accomplished. Also, Loren Amory had got quite a lot of space [15] on the obituary [16] pages Monday. He had left nearly a million dollars to his widow, and he had houses in Florida, Connecticut and Maine.

---

1. **whirr** : onomatopée suggérant un bruit de roulement, de bourdonnement, une vibration.
2. **flew up** : to fly, I flew, flown, *voler.*
3. **understood** : to understand, understood, understood, *comprendre.*
4. **fallen down** : to fall, I fell, fallen.
5. **lured** : [ljuə:d] ˙v. ; formé sur a lure : *un leurre, un appât.*
6. **clutched her dressing gown about her** : « *agrippait sa robe de chambre en l'entourant et la serrant autour de son corps* ».
7. **corpse** : ▲ *cadavre* ; corps, body.
8. **took down** : to take down (ici), *prendre par écrit.*
9. **ought to** = should. Ought to a une connotation morale.
10. **was buried** : to bury ; *enterrer.* Burial, funeral : *enterrement.*

Il y eut un petit bruit de roues, ses jambes battirent l'air et, quelques secondes avant que sa tête ne s'écrasât contre le sol de ciment, il comprit tout : c'était lui qu'Olivia avait essayé de tuer ; elle n'était pas tombée dans l'escalier de la cave, c'était une ruse pour l'y attirer, et tout cela pour l'amour de Stephen Castle.

« Je lisais en haut dans mon lit », déclara-t-elle à la police, et ses mains tremblaient en ajustant sa robe de chambre autour d'elle. « J'ai entendu un bruit terrible et puis... Je suis descendue. »

Elle eut un geste d'impuissance vers le cadavre.

La police accepta sa version des faits, et compatit. Les gens devraient faire plus attention, dirent-ils, aux jouets d'enfants et aux balais mécaniques qu'on abandonne dans les escaliers obscurs. Il y avait des accidents mortels tous les jours aux États-Unis. Et puis on emporta le corps, et le mardi, Loren Amory fut enterré. Le mercredi, Olivia téléphona à Stephen. Elle n'avait cessé de l'appeler tous les jours sauf le samedi et le dimanche, mais là elle ne l'avait pas fait depuis le vendredi précédent. Ils étaient convenus que si, un jour de semaine, elle ne l'appelait pas à son appartement avant 11 heures, ce serait un signe que la mission était accomplie. D'ailleurs, Loren Amory occupa une grande place dans la rubrique nécrologique du lundi. Il avait laissé presque un million de dollars à sa veuve. Il possédait des maisons en Floride, dans le Connecticut et dans le Maine.

---

11. **she had been telephoning** : la forme progressive est employée ici parce que l'action se répète souvent ; ex. : **the dog has been barking all night long**, *ce chien a aboyé toute la nuit*.

12. **to ring, I rang, rung** : *sonner, téléphoner*.

13. **11.A.M. (ante meridiem)** : *11 heures du matin* (on peut dire également et c'est plus courant aux USA, **11 o'clock in the morning**. *L'après-midi* : **pm (post meridiem) in the afternoon**.

14. **signal** : [sIgnl].

15. **quite a lot of space** : *un grand espace*.

16. **obituary** : nom et adj. 1) *avis de décès, notice nécrologique* ; 2) adj. : **obituary columns** : *pages nécrologiques*.

"Dearest [1] ! You look so tired !" were Stephen's first words to her when they met in a New York bar on Wednesday.

"Nonsense [2] ! It's all make-up [3]," Olivia said gaily. "And you an actor !" She laughed. "I have to look properly gloomy for my neighbors [4], you know. And I never know when I'll run into someone [5] I know in New York."

Stephen looked around him nervously, then said with his habitual smile, "Darling Olivia — how soon [6] can we be together ?"

"Very soon," she said promptly.

"Not up [7] at the house, of course, but remember we talked about a cruise [8] ? Maybe Trinidad ? I've got the money with me. I want you to buy the tickets."

They took separate staterooms [9], and the local Connecticut paper, without a hint [10] of suspicion, reported that Mrs. Amory's voyage was for reasons of health.

Back in the States in April, suntanned and looking much improved [11], Olivia confessed to her friends that she had met someone she was interested in [12]." Her friends assured her that that was normal. ant that she shouldn't be [13] alone for the rest of her life. The curious thing was that when Olivia invited Stephen to a dinner party at her house, none [14] of her friends remembered him, though several had met him at that cocktail party a few months before. Stephen was much more sure of himself now, and he behaved like an angel [15], Olivia thought.

---

1. **dearest** : superlatif de **dear**, *chérie*.
2. **nonsense** : *absurdité, sottise*.
3. **make up** : *maquillage*. To make up, *se maquiller*.
4. **neighbors** : orth. U.S. de **neighbours** (cf. **labor, honor**).
5. **to run into someone** : to walk into, to bump into : *tomber nez à nez avec quelqu'un*.
6. **how soon** : cf. how often, how long.
7. **up** : *là-bas*. Up at the club, *là-bas au club*. Suppose une distance de l'endroit où on est.
8. **cruise** : [kru:z].
9. **state-rooms** : dans un bateau, *cabine de luxe* (c'est le cas ici), sinon dans un appartement, *salle de réception, chambre d'apparat*.

« Ma tendre chérie ! tu as l'air épuisée. »

Ce furent les premiers mots de Stephen quand ils se rencontrèrent le mercredi dans un bar de New York.

— Allons donc ! C'est l'effet du maquillage, dit Olivia gaiement ; eh bien ! pour un acteur ! Elle rit. Il faut bien que j'aie l'air sinistre pour mes voisins, tu comprends, et je risque de tomber sur quelqu'un que je connais à New York.

Stephen jeta un regard inquiet autour de lui, puis dit avec son sourire habituel :

— Olivia, ma chérie, quand pourrons-nous être ensemble ?

— Très bientôt, lui répondit-elle sur-le-champ. Pas à la maison, bien sûr, mais tu te souviens que nous avions parlé d'une croisière ? Pourquoi pas Trinidad ? J'ai l'argent sur moi. Je veux que ce soit toi qui prennes les billets ! »

Ils prirent des cabines séparées, et le journal du Connecticut rapporta sans l'ombre d'un soupçon que Mme Amory voyageait pour des raisons de santé.

En avril, de retour aux États-Unis, bronzée et en bien meilleure forme, Olivia avoua à ses amis qu'elle avait rencontré quelqu'un qui l'intéressait. Ses amis lui assurèrent que c'était tout à fait normal et qu'elle ne devait pas rester seule pour le restant de ses jours. Chose étrange, quand Olivia invita Stephen à un dîner, aucun de ses amis ne le reconnut, bien que plusieurs d'entre eux l'aient déjà vu à ce fameux cocktail quelques mois auparavant. Stephen avait acquis plus d'assurance et Olivia trouvait son comportement parfait.

---

10. **hint** : *touche légère ;* dans la conversation : **to drop a hint**, *faire une allusion ;* **just a hint of blue**, *une touche de bleu.*

11. **looking much improved** : **to improve**, *améliorer.*

12. **interested in** : noter la prép. : **to be interested in painting, music**, *s'intéresser à la peinture, à la musique.*

13. **shouldn't** : ici **should** est syn. de **ought to**. **I should give him a present** = **I ought to give him a present** (on n'emploie presque jamais la forme nég. de **ought to**).

14. **none** : *aucun, personne ;* **none (of us, of them, of you) can tell me**, *personne d'entre vous ne peut me dire.* **I saw none**, *je n'en vis aucun.* **None of them is** ou **are** (on peut mettre le verbe au sing. ou au pl.).

15. **he behaved like an angel** : « *il se comportait comme un ange* ».

In August, they were married. Stephen had been getting nibbles[1] in the way of work, but nothing materialized. Olivia told him not to worry, that things would surely pick up[2] after the summer. Stephen did not seem to worry very much, though he protested that he ought to work, and said if necessary he would try for some television parts. He developed an interest in gardening, planted some young blue spruces, and generally made the place look alive again. Olivia was delighted that he liked the house, because she did.

Neither of them[3] ever[4] referred to the cellar stairs, but they had a lightswitch put[5] at the top landing[6], so that a similar thing could not occur[7] again. Also, the carpet sweeper was kept in its proper place[8], in the broom closet in the kitchen.

They entertained[9] more often than Olivia and Loren had done. Stephen had many friends in New York, and Olivia found them amusing. But Stephen, Olivia thought, was drinking just a little too much. At one party, when they were all out on the terrace, Stephen nearly fell[10] over the parapet[11]. A couple of the guests had to grab him.

"Better watch out[12] for yourself in this house, Steve," said Parker Barnes, an actor friend of Stephen's[13]. "It just might be jinxed[14]."

"What d'ya mean[15]?" Stephen asked. "I don't believe that for a minute. I may be an actor, but I haven't got a single superstition!"

---

1. **nibbles** : subst. ; vient de to nibble, *mordiller, grigno-ter* ; a nibble, *juste de quoi grignoter.*
2. **to pick up** : sens le plus courant : *cueillir, ramasser,* ici *reprendre ;* cf. **business is slack in the summer but picks up in october,** *les affaires se ralentissent en été et reprennent en octobre.*
3. **neither of them** : *ni l'un ni l'autre* (quand il s'agit de deux personnes) ≠ **either,** *l'un et l'autre.* **Which one do you want ? neither,** *ni l'une ni l'autre.* **Either will do,** *l'une ou l'autre fera l'affaire.*
4. **ever** : dans une phrase nég. (ici la négation est dans **neither**) ; **nothing ever happens to me** (négation dans **nothing**), *rien ne m'arrive jamais.*
5. **they had a lightswitch put** : to have + part. passé ; **to have something done,** *faire faire quelque chose.*

144

En août, ils étaient mariés. Sur le plan professionnel Stephen avait eu quelques contacts mais rien ne se concrétisait. Olivia lui dit de ne pas se faire de souci et que les choses reprendraient certainement après l'été. Et d'ailleurs Stephen ne s'inquiétait pas outre mesure, tout en affirmant qu'il fallait absolument qu'il trouve du travail, quitte à accepter des petits rôles à la télévision.

Il s'adonna au jardinage, planta quelques épicéas bleus, et dans l'ensemble redonna vie aux lieux. Olivia était ravie qu'il aimât, comme elle, la maison.

Aucun des deux ne parla plus jamais de l'escalier de la cave mais ils firent placer un interrupteur sur le palier du haut pour que rien de semblable ne puisse jamais arriver. De même, le balai mécanique resta-t-il rangé à sa place dans le placard de la cuisine.

Ils recevaient beaucoup plus souvent que du temps de Loren. Stephen avait beaucoup d'amis à New York et Olivia les trouvait drôles. Simplement, pensait Olivia, Stephen buvait un peu trop. Lors d'une soirée, à un moment où ils étaient tous sur la terrasse, Stephen faillit tomber par-dessus la balustrade. Deux des invités durent le retenir.

« A ta place, je me méfierais de tout dans cette maison, Steve, dit Parker Barnes, un acteur ami de Stephen. Elle est peut-être ensorcelée.

— Qu'est-ce que tu insinues ? demanda Stephen. Je n'en crois pas un mot. J'ai beau être acteur, je ne suis pas superstitieux pour un sou !

---

6. **landing** : du v. to land, *atterrir, arriver* ; ici signifie *le palier* (subst.).
7. **occur** : ou plus courant, to **happen**, *arriver*.
8. **its proper place** : *la place appropriée*.
9. **entertained** (to entertain) : « *distraire* », *donner des réceptions, recevoir* ; **entertainment**, *divertissement*.
10. **nearly fell** : « *tomba presque* ».
11. **parapet** : [´pærə´pet].
12. **to watch out** : *être aux aguets, faire attention*.
13. **an actor friend of Stephen's** : *un de ses amis*. Cf. a friend of his, of hers, of mine (pron.).
14. **jinxed** (US) : *qui porte malheur* ; de a **jinx**, *un mauvais sort*.
15. **what d'ya mean** : what do you mean ; écrit ainsi marque la vulgarité de la prononciation.

145

"Oh, so you're an actor, Mr. Castle !" a woman's voice said out of the darkness.

After the guests had gone, Stephen asked Olivia to come out again on the terrace [1].

"Maybe the air'll clear may head," Stephen said smiling. "Sorry I was tipsy tonight. — There's old Orion. See him ?" He put his arm around Olivia and drew her close [2]. "Brightest constellation in the heavens."

"You're hurting me, Stephen ! Not so —" Then she screamed and she squirmed [3], fighting for her life.

"Damn you !" Stephen gasped, astounded at her strength.

She had twisted [4] away from him and was standing near the bedroom door, facing [5] him now. "You were going to push me over [6], weren't [7] you ?"

"No ! Good God, Olivia ! — I lost my balance, [8] that's all. I thought I was going over myself !"

"That's a fine thing to do, then hold onto a woman an pull her over too !"

"I didn't realize. I'm drunk [9], darling. An' [10] I'm sorry."

They lay [11] as usual in the same bed that night, but both of them were only pretending [12] sleep. Until, for Olivia at least, just as she had used to tell [13] Loren, sleep came around dawn. The next day, casually [14] and surreptitiously, each of them looked over the house from attic to cellar, Olivia with a view to protecting herself [15] from possible traps, Stephen with a view to setting them.

---

1. **terrace** : ['tərəs].
2. **drew her close** : to draw someone close, *attirer tout près ;* to draw, I drew, drawn, *tirer.*
3. **squirmed** : [skwə:m], *se tortiller.*
4. **twisted away** : *se tordre, se tourner pour se dégager.*
5. **facing him** : *lui faisant face.*
6. **you were to push me over** : *devoir ; avoir l'intention de.* I am to see him tomorrow, *je dois le voir demain.* At what time am I to come ? *à quelle heure dois-je venir ?*
7. **weren't** [wɜ:nt], noter la prononciation.
8. **balance** : hormis le sens de *balance* (pour peser), a, la plupart du temps, le sens d'*équilibre.* To keep, loose, recover one's balance, *garder, perdre, reprendre son équilibre.*

146

« — Ainsi donc vous êtes acteur, Mr Castle ? » prononça une voix de femme dans le noir.

Après le départ des invités, Stephen demanda à Olivia de retourner sur la terrasse.

« Peut-être l'air va-t-il m'éclaircir les idées ? dit Stephen en souriant. Excuse-moi, j'étais un peu éméché ce soir. Voilà ce bon vieil Orion. Tu vois ? (Il entoura Olivia de ses bras et la serra contre lui.) C'est la constellation la plus étincelante de tout le firmament.

— Tu me fais mal, Stephen. Pas si...

Puis elle cria et se débattit, luttant pour sa vie.

— Bon Dieu ! » haleta Stephen, stupéfait de sa force.

Elle avait réussi à se dégager et se tenait debout près de la porte de sa chambre, face à lui.

« Tu voulais me faire tomber, n'est-ce pas ?

— Mon Dieu, non, Olivia ! J'ai perdu l'équilibre, voilà tout. J'ai bien cru que j'allais basculer également.

— Excellente idée, alors, de se raccrocher à une femme et de l'entraîner dans sa chute.

— Je ne me suis pas rendu compte. Je suis ivre, ma chérie, excuse moi. »

Cette nuit-là, ils se couchèrent dans le même lit, comme d'habitude, mais tous deux faisaient simplement semblant de dormir. Jusqu'au moment où le sommeil vint, du moins pour Olivia, à l'aube, comme elle l'avait si souvent dit à Loren. Le jour suivant, chacun d'eux inspecta la maison de la cave au grenier, subrepticement et d'un air dégagé, Olivia pour essayer de se protéger de pièges possibles et Stephen pour essayer de les mettre en place.

---

9. **drunk :** adj., *ivre, saoul* (de **to drink, I drank, drunk,** *boire*).

10. **an = and** (l'accent de Stephen se dégrade progressivement).

11. **lay :** passé de **to lie, I lay, lain,** *être étendu,* ne pas confondre avec **to lay, I laid, laid,** *poser.*

12. **pretending :** Δ *faire semblant.*

13. **she had used to tell :** passé indiquant une habitude d'un temps révolu ; **when I was a kid, I used to go to bed at 9.**

14. **casually :** 1) *par hasard ;* 2) *de façon détachée, innocente.*

15. **with a view to protecting herself :** *avec l'idée de se protéger.*

147

He had already decided that the cellar steps offered the best possibility, in spite of the duplication, because he thought no one would believe anyone would dare to use[1] the same means[2] — if the intention was murder.

Olivia happened to be thinking the same thing.

The cellar steps had never before been so free of impedimenta[3] and so well lighted[4].

Neither of them took the initiative to turn[5] the light out at night. Outwardly[6] each professed love and faith in the other.

"I'm sorry I ever said such a thing to you, Stephen," she whispered in his ear as she embraced[7] him. "I was afraid on the terrace that night, that's all. When you said, 'Damn you' —"

"I know, angel. You couldn't have thought I meant[8] to hurt you. I said 'Damn you' just because you were there, and I thought I might be pulling you over[9]."

They talked about more cruises. They wanted to go to Europe[10] next spring. But at meals, they cautiously tasted[11] every item[12] of food before beginning to eat.

How could I have done anything to the food, Stephen thought to himself, since you never leave the kitchen while you're cooking it.

And Olivia : I don't put anything past you[13]. There's only one direction you seem to be bright in[14], Stephen.

---

1. **dare to use** : cette tournure est de plus en plus utilisée plutôt que **dare use**, plus littéraire.
2. **means** : le mot est toujours au plur. 1) *moyen, procédé ;* 2) *moyens financiers.*
3. **so free of impedimenta** : *libre d'objets qui gênent, encombrent* (subst. neutre plur. du latin **impedimentum**).
4. **lighted** : to light : p.p. : **lighted** ou **lit**.
5. **to turn on** ≠ to turn off, out (anglais to switch on ≠ to switch ≠ off ; *l'interrupteur*, **the switch**).
6. **outwardly** : *extérieurement, ostensiblement.*
7. **embrace** : ▲ *serrer dans ses bras.*
8. **I meant** : ici, le verbe to **mean** est de nouveau utilisé au sens de *avoir l'intention de.*
9. **might be pulling you over** : may s'emploie (et c'est le cas ici) pour exprimer l'éventualité : ex. : he **may come**, *il*

148

Il avait déjà conclu que l'escalier de la cave offrait les meilleures conditions, bien qu'il ait déjà servi, car, pensait-il, nul ne croirait qu'on oserait utiliser deux fois le même procédé, du moins avec une intention criminelle.

Il se trouvait qu'Olivia pensait la même chose.

L'escalier de la cave n'avait jamais été si peu encombré et si bien éclairé.

Aucun d'entre eux ne prit l'initiative d'en éteindre la lumière la nuit. Chacun d'eux exprima bien haut son amour pour l'autre et la confiance qu'il lui portait.

« Je regrette d'avoir pu te dire une chose pareille, Stephen, lui chuchotait-elle à l'oreille en l'étreignant. J'ai pris peur sur la terrasse l'autre soir, c'est tout. Au moment où tu as juré après moi !

— Je sais, mon ange. Comment pouvais-tu penser que je te voulais du mal. J'ai dit "Bon Dieu" parce que tu étais là et que je risquais bien de te faire tomber. »

Ils évoquèrent de futures croisières. Ils voulaient aller en Europe au printemps suivant. Mais pendant les repas, ils goûtaient soigneusement chaque mets avant d'en manger.

« Comment donc pourrais-je toucher aux repas, pensait Stephen, puisque tu ne quittes jamais la cuisine quand tu les prépares. »

Et Olivia, de son côté : « Rien ne m'étonne de toi. Il n'y a décidément qu'une chose où tu excelles, Stephen. »

---

se peut qu'il vienne ; **he might come,** *il se pourrait qu'il vienne.*

10. **Europe :** ['juərəp].

11. **tasted :** to taste : *goûter ;* taste : *le goût.* **There is no accounting for taste :** *chacun ses goûts.*

12. **items :** *article* (d'une liste, d'un inventaire) *élément* (composant un plat).

13. **I don't put anything past you :** *je te crois capable de tout ;* on trouve aussi l'expression, **I wouldn't put it past you...** *je vous croirais bien capable de...*

14. **there's only one direction you seem to be bright in :** *il n'y a qu'une seule chose où tu sembles briller par ton intelligence ;* **bright,** *brillant, intelligent.*

Her humiliation in having lost a lover was hidden [1] by a black resentment [2]. She realized that she had been victimized [3]. The last bit of Stephen's charm had vanished. Yet now, Olivia thought, he was doing the best job of acting in his life. A twenty-four hour a day acting job at that. She congratulated herself that it did not fool her, and she weighed this plan against that [4], knowing that this "accident" had to be even more convincing than the one that had freed [5] her from Loren.

Stephen realized that he was not in quite such an awkward position. Everyone who knew him and Olivia, even slightly [6], thought that he adored her. An accident would be assumed [7] to be an accident, if he said so. He was toying [8] with the idea of the big deep freeze in the cellar. There was no inside handle on the door, and once in a while [9] Olivia went into the farthest [10] corner of it to get steaks or frozen [11] asparagus. But would she dare to go into it, now that her suspicions were aroused [12], if he happened to be in the cellar at the same time ? He doubted it [13].

While Olivia was breakfasting [14] in bed one morning — she had taken to her own bedroom again, and Stephen brought her breakfast as Loren had always done — Stephen experimented [15] with the door of the deep freeze. If it so much as touched [16] a solid object in swinging open, he discovered, it would slowly but surely swing [17] shut on its rebound.

---

1. **hidden** : to hide, I hid, hidden, *cacher*.
2. **a black resentment** : l'adj. black est souvent utilisé pour marquer l'excès : a black despair, *un sombre désespoir ;* black care, *soucis graves ;* a black deed, *une vilenie ;* black ingratitude, *sombre ingratitude*.
3. **she had been victimized** : *qu'on avait fait d'elle une victime.*
4. **she weighed this plan against that** : « *elle soupesa (les chances) de ce plan-ci par rapport à ce plan-là* ».
5. **freed** : vient de to free, *libérer, débarrasser*.
6. **slightly** : adv., *peu, légèrement*.
7. **assumed** : to assume, *supposer*, d'après certains éléments. **Considering the evidence, he was assumed to be guilty**, *compte tenu des preuves, il fut considéré comme coupable.*
8. **toying** : v. formé à partir du subst. a toy, *un jouet*.

Son humiliation d'avoir perdu un amant avait disparu au profit d'une rancune féroce. Elle comprit qu'il s'était servi d'elle. Stephen n'avait plus à ses yeux le moindre charme. Et pourtant, pensa Olivia, jamais de sa vie il n'avait été si bon acteur. Un travail de professionnel vingt-quatre heures sur vingt-quatre. Elle se félicita de ne pas s'être laissé berner, comparant les différents plans possibles, consciente que « l'accident » devait paraître encore plus plausible que celui qui l'avait débarrassée de Loren.

Stephen se rendit compte qu'après tout, il n'était pas en si mauvaise posture. Tous ceux qui les connaissaient, Olivia et lui, si peu que ce soit, pensaient qu'il l'adorait. S'il disait que c'était un accident, on le croirait. Il jouait avec l'idée du grand congélateur dans la cave. Il n'y avait pas de poignée intérieure sur la porte, et parfois Olivia y pénétrait jusqu'au fond pour chercher des asperges ou des steaks surgelés. Mais maintenant que ses soupçons étaient éveillés, oserait-elle le faire si lui se trouvait à la cave ? C'était peu probable.

Un jour qu'Olivia prenait son petit déjeuner au lit — elle occupait de nouveau sa chambre et Stephen lui apportait le petit déjeuner comme Loren l'avait toujours fait — Stephen alla étudier le fonctionnement de la porte du congélateur. Il s'aperçut que si, en s'ouvrant, elle effleurait à peine un objet résistant, elle se refermait automatiquement, lentement mais sûrement.

---

9. **once in a while** : *une fois de temps en temps* ; **a while**, *un laps de temps.*
10. **farthest** : superlatif de **far** ; comp., **farther.**
11. **frozen** : to **freeze**, I **froze**, **frozen**, *geler, congeler.*
12. **to arouse, aroused, aroused** : *susciter* (un sentiment, des passions). His jealousy was aroused, *cela suscita sa jalousie.*
13. **he doubted it** : trans. : *il en doutait.*
14. **breakfasting** : tournure pour le moins surprenante, même si elle est facile à comprendre : le verbe to **breakfast** existe-t-il ?
15. **experimented** : *faire une expérience, expérimenter* (with, on, upon) ; ex. : to **experiment upon mice**, *expérimenter sur les souris* ; subst. : an **experiment**, *une expérience.*
16. **if it so much as touched** : *si elle touchait à peine* ; *touchant tant soit peu.*
17. **swing** : to **swing**, I **swung**, **swung**, *balancer, se balancer* ; to **swing open**, to **swing shut**, *s'ouvrir, se fermer d'un mouvement brusque, incontrôlé.*

There was no solid object near the door now, and on the contrary the door was intended to be swung fully open[1], so that a catch on the outside of the door would lock in a grip made for that purpose[2] and so keep the door open. Olivia always swung the door wide, he had noticed when she went in, and it latched automatically[3]. But if he put something in its way, like even the corner of the bow of kindling wood[4], the door would strike[5] it and swing to again, before Olivia had time to realize what had happened.

However, that particular moment did not seem the right one to put the kindling box in position, so Stephen did not set his trap. Olivia had said something about their going out to a restaurant[6] tonight. She would not be taking anything out to thaw[7] today.

They took a little walk around 3 in the afternoon, through the woods behind the house, then back homeward again, and they almost started holding hands, in a mutually distasteful[8] and insulting[9] pretense[10] of affection — but their fingers only brushed and separated.

"A cup of tea would taste good, wouldn't it, darling?" said Olivia.

"Um-m." He smiled. Poison in the tea? Poison in the brownies[11]? She'd made them herself at noon.

He remembered how they had plotted[12] Loren's sad demise[13], her tender whispers of murder over their luncheons, her infinite patience as the weeks went by[14] and plan after plan failed[15].

---

1. Cf. note 17, p. 151.
2. **made for that purpose :** *fait dans ce but, pour cette fonction ;* to **serve various purposes,** *remplir plusieurs usages ;* to **serve no purpose,** *ne servir à rien.*
3. **automatically :** accent sur la troisième syllabe.
4. **kindling wood** ('kindliŋ) : *bois qui sert à allumer.*
5. **to strike (struck, struck** ou **stricken) :** *frapper.*
6. **their going out to a restaurant :** particularité de l'anglais, **going** se construit avec un complément comme un gérondif et avec un adj. possessif comme un substantif verbal.
7. **to thaw,** *dégeler* (la neige), *décongeler* (les mets congelés).

En ce moment, l'espace était au contraire dégagé pour que la porte pût s'ouvrir en grand, une targette placée à l'extérieur de celle-ci venant se prendre dans un crochet qui l'empêchait de se refermer. Il avait remarqué qu'Olivia, quand elle y entrait, ouvrait la porte d'un geste large et que la targette s'enclenchait. Mais s'il plaçait quelque chose sur la trajectoire, ne fût-ce que le coin de la caisse à petit bois, la porte buterait et se rabattrait avant qu'Olivia n'ait le temps de s'en rendre compte.

Toutefois, ce n'était pas encore le moment opportun pour installer la caisse à petit bois. Stephen ne mit donc pas son piège en place.

Olivia avait parlé d'aller dîner au restaurant ce soir-là. Elle ne tirerait donc rien du congélateur aujourd'hui.

Vers 3 heures de l'après-midi, ils firent une petite prome-nade dans les bois derrière la maison, puis ils rentrèrent ; ils faillirent se prendre la main, dans un simulacre d'affection aussi déplaisant qu'offensant pour l'un et pour l'autre, mais leurs doigts s'effleurèrent à peine puis se séparèrent.

« Une tasse de thé serait la bienvenue, n'est-ce pas, chéri ? dit Olivia.

— Hum... »

Il sourit. Du poison dans le thé ? du poison dans les brownies ? C'était elle qui les avait faits à midi.

Il se rappela comment ils avaient comploté la triste fin de Loren, les tendres chuchotements d'Olivia discutant du meurtre au cours du déjeuner, son infinie patience, au fur et à mesure que les semaines passaient et que les plans échouaient les uns après les autres.

---

8. **distasteful** : *désagréable, répugnant* (taste, *goût*).
9. **insulting** : ▲ to insult, *injurier, offenser*.
10. **pretense** : subst. ▲ formé sur **to pretend**, *faire semblant*.
11. **brownies** : *gâteaux américains au chocolat qu'on trouve partout aux USA.*
12. **plotted** : to plot, *manigancer, comploter*.
13. **demise** : mot beaucoup plus précieux pour **death**, *mort ;* prononcer [di'maiz].
14. **went by** : *passer* (temps) ; *time goes by, minutes go by, days go by, le temps passe...*
15. **failed** : 1) *ne pas réussir* (ici) ; 2) *échouer ;* to fail an exam ; 3) *laisser tomber ;* I rely on you, please don't fail me : *je compte sur vous, ne me laissez pas tomber.*

It was he who had suggested the carpet sweeper on the cellar steps and the lure [1] of a scream from her. What could her bird-brain ever plan ?

Shortly after their tea (everything had tasted fine), Stephen strolled out of the living room as if with no special purpose [2]. He felt compelled [3] to try out the kindling box again to see if it could really be depended on [4]. He felt inspired, too, to set the trap now and leave it. The light at the head of the cellar stairs was on [5]. He went carefully down the steps.

He listened for a moment to see if Olivia were possibly following him.

Then he pulled the kindling box into position, not parallel to the front of the deep freeze [6], of course, but to one side and askew [7], as if someone had dragged it out of the shadow to see into [8] it better. He opened the deep freeze door with exactly the speed and force Olivia might [9], flinging [10] the door from him as he stepped in with one foot, his right hand outstretched to catch the door on the rebound [11]. But the foot that bore [12] his weight slid [13] several inches [14] forward just as the door bumped against the kindling box.

Stephen was down on his right knee, his left leg straight out in front of him, and behind him the door closed. He got to his feet instantly and faced the door wide-eyed [15]. It was dark, and he groped [16] for the auxiliary switch to the left of the door, which put a light on [17] at the back of the deep freeze.

---

1. **lure** : [ljʊə].

2. **purpose** : [pɜ:pəs], subst : *but, dessein ;* pl. [pɜ:pəsiz] ; what was the purpose of this visit ? *quel était le but de sa visite ?* For what purpose (ou purposes) do you want it ? *dans quel dessein le voulez-vous ?*.

3. **compelled** : to compel, *forcer* (moralement).

4. **to depend on sth** : *dépendre de qqch ; se fier à qqch ;* noter la préposition, **it can be depended on** : forme passive.

5. **on** : *allumé ≠* off, *éteint ; en marche ≠ arrêté* (machine).

6. **the front of the deep freeze** : front, ici subst., *l'avant du congélateur, la partie visible.*

7. **askew** : [ə'skju:], adv. ; **his nose is askew**, *il a le nez de travers.*

8. **to see into it** : « *pour voir ce qu'il y avait à l'intérieur* ».

C'était lui qui avait eu l'idée du balai mécanique sur les marches de la cave et du cri pour attirer Loren. Elle, avec sa cervelle d'oiseau, en était bien incapable.

Peu après le thé (tout était délicieux), Stephen quitta nonchalamment la salle de séjour, apparemment sans raison particulière. Une force irrésistible le poussait à réessayer la caisse de petit bois pour voir si on pouvait s'y fier. Il avait l'impression que le moment était venu de mettre le piège en place immédiatement et de l'y laisser. En haut de l'escalier de la cave la lumière était allumée. Il descendit les marches avec précaution.

Il tendit l'oreille un moment, au cas où Olivia l'aurait suivi, puis il tira la caisse vers l'endroit choisi, pas juste en face de la porte du congélateur, bien entendu ; il la mit sur le côté et en biais comme si quelqu'un l'avait tirée de la pénombre pour mieux la voir. Il ouvrit la porte du congélateur exactement comme Olivia, avec la même vitesse, et la même force, la rabattant d'un mouvement large, et avança d'un pas dans le congélateur tout en tendant la main droite pour l'empêcher de se refermer ! Mais le pied sur lequel reposait le poids de son corps glissa de quelques centimètres vers l'avant au moment précis où la porte butait contre la caisse.

Stephen était tombé sur son genou droit, la jambe gauche tendue en avant, quand la porte se referma sur lui. Il se releva aussitôt et ouvrit des yeux exorbités en direction de la porte. Il faisait sombre ; à tâtons, il chercha le second interrupteur à gauche de la porte et le fond du congélateur s'éclaira.

---

9. **might** : « *aurait pu le faire* ».
10. **flinging** : mouvement violent ; to fling a chair at someone : *jeter une chaise sur qqn* ; to fling the door open : *ouvrir grand une porte*.
11. **rebound** : *rebondissement* (ballon), *retour* (porte).
12. **bore** : to bear, I bore, borne, *porter*.
13. **slid** : to slide, I slid, slid.
14. **inches** : an inch, *un pouce* = 1/36 du **yard** = 2,54 cm.
15. **wide eyed** : adj. composé ; cf. a long haired girl, *une fille aux cheveux longs*. A round cheeked child, *un enfant aux joues rondes*.
16. **to grope** : *tâtonner* (se dit pour les aveugles).
17. **to put a light on** : cf. note 5 sur on.

How had it happened ? The damned glaze[1] of frost
on the floor ! But it wasn't only the frost, he saw.
What he had slipped on[2] was a little piece of suet[3]
that he saw now in the middle of the floor, at the end
of a greasy streak it had made. Stephen stared at the
suet neutrally[4], blankly, for an instant, then faced the
door again, pushed it, felt along its firm rubbersealed[5]
crack. He could call Olivia, of course. Eventually
she'd hear him, or at least miss[6] him, before he had
time to freeze. She'd[7] come down to the cellar, and
she'd be able to[8] hear him, even if she couldn't hear
him in the living room. Then she'd open the door, of
course. He smiled weakly, and tried to convince
himself she would open the door.

"Olivia ? — Olivia ! I'm down in the cellar !"

It was nearly a half hour[9] later when Olivia called
to[10] Stephen to ask him what restaurant he preferred,
a matter that would influence[11] what she wore[12]. She
looked for him in his bedroom, in the library[13], on
the terrace, and finally called out the front door,
thinking he might be somewhere on the lawn[14]. At
last, she tried the cellar.

By this time, hunched[15] in his tweed jacket, arms
crossed, Stephen was walking up and down, giving
out distress signals at intervals of thirty seconds, using
the rest of his breath to blow down the collar of his
shirt in an effort to warm himself.

---

1. **glaze** : subst. traduit une impression visuelle de glace,
d'une vitre. **Glaze of the eye**, *aspect vitreux de l'œil* ; ici,
glacis du givre.
2. **what he had slipped on** : « *ce sur quoi il avait glissé* ».
3. **suet** : ['sjuit].
4. **neutrally** : ['njuːtrəli].
5. **rubbersealed** : *scellé* (**sealed**) *avec du caoutchouc* (**rubber**).
6. **miss** : noter la construction de ce verbe. **I miss you**,
vous me manquez. **You miss me**, *je vous manque*.
7. **she'd...** = she would.
8. **to be able to** : ici équivalent de **can**, en effet en anglais
on dit toujours **can you see** ? *voyez-vous ?* **can you hear** ?
entendez-vous ? **I can smell**, *je sens* ; **can, be able to**, dans
ce cas ne se traduisent pas.

Que s'était-il passé ? C'était cette sacrée pellicule de givre sur le sol ! Mais il vit qu'il n'y avait pas que du givre. Ce qui l'avait fait glisser, c'était un petit morceau de lard qu'il apercevait maintenant par terre, au milieu, au bout de la traînée de gras qu'il avait tracée. Stephen contempla le morceau de lard pendant un instant d'un regard neutre, vide, puis il se tourna de nouveau vers la porte, essaya de la pousser, tâta du doigt la rainure hermétiquement fermée par du caoutchouc. Bien sûr, il pourrait appeler Olivia. Peut-être l'entendrait-elle... ou alors au moins remarquerait-elle son absence, avant qu'il ait le temps d'être congelé. Et même si du salon elle ne l'entendait pas, elle viendrait à la cave, et là elle l'entendrait sûrement. Alors, elle ouvrirait la porte, naturellement. Il eut un faible sourire, essayant de se convaincre qu'elle le ferait vraiment.

« Olivia... Olivia ! Je suis en bas, dans la cave. »

Il s'était passé presque une demi-heure quand Olivia voulut s'adresser à Stephen pour lui demander dans quel restaurant il voulait aller, ce qui déciderait de sa toilette. Elle le chercha dans sa chambre, dans la bibliothèque, sur la terrasse et enfin appela de la porte d'entrée, pensant qu'il était peut-être dans un coin du jardin. Enfin, elle alla voir à la cave.

Pendant ce temps, recroquevillé dans sa veste en tweed, les bras croisés, Stephen marchait de long en large, émettant des appels de détresse toutes les trente secondes, utilisant ce qui lui restait de force pour souffler à l'intérieur du col de sa chemise dans un effort désespéré pour se réchauffer.

---

9. **a half hour :** ou **half an hour.** Les deux formes sont correctes.
10. **called to :** « *appela dans la direction de* ».
11. **a matter that would influence :** *un point qui influerait sur.* **Matter :** subst. a ici son sens premier : *un sujet, un problème, un point.* It's a very important matter, *c'est un sujet très important.* I've called to talk about a matter of importance, *j'appelle pour parler d'un point de grande importance.*
12. **wore :** to wear, I wore, worn, *porter* (un vêtement).
13. **library :** ▲ *bibliothèque.* Bookshop, *librairie.*
14. **on the lawn :** *sur la pelouse.*
15. **hunched :** *voûté* ; a hunchback, *un bossu.*

Olivia was just about[1] to leave the cellar, when she heard her name called faintly.

"Stephen ? — Stephen, where are you ?"

"In the deep freeze !" he called as loudly as he could.

Olivia looked at the deep freeze with an incredulous smile.

"Open it, can't you ? I'm in the deep freeze !" came his muffled voice.

Olivia threw her head back and laughed, not even caring[2] if Stephen heard her. Then still laughing so that she had to bend over[3], she climbed the cellar stairs.

What amused her was that she had thought of the deep freeze as a fine place to dispose of[4] Stephen, but she hadn't worked out how to get him there. His being there now, she realized, was due to[5] some funny[6] accident — maybe because he'd been trying to set a trap for her.

It was all too comical. And lucky[7] !

Or maybe, she thought cagily[8], his intention even now was to trick her into opening[9] the deep freeze door, then to yank[10] her inside and close the door on her. She was certainly not going to let that happen[11] !

Olivia took her car and drove nearly twenty miles northward, had a sandwich at a roadside cafe[12], then went to a movie. Then she got home[13] at midnight, she found she had not[14] the courage to call "Stephen" to the deep freeze[15], or even to go down to the cellar.

---

1. **about :** ▲ l'expression : to be about to, *être sur le point de.*
2. **to care :** *donner de l'importance, s'intéresser à ;* who cares ? *qui s'y intéresse ?* I don't care, *ça m'est égal ;* he doesn't care if, whether, how much, what, which, *ça lui est égal, que... combien, ce que.*
3. **she had to bend over :** *elle devait se pencher.*
4. **to dispose of :** 1) to dispose : *disposer, arranger ;* 2) to dispose of = to get rid of, *se débarrasser de qqch, qqn.* To dispose of goods, *écouler des marchandises* (= s'en débarrasser en les vendant).
5. **due to :** autre sens de **due** = owing to, because of, *à cause de.*
6. **funny :** 1) *amusant ;* 2) *inattendu, étrange.*

158

Olivia était juste sur le point de quitter la cave quand elle entendit une voix faible prononcer son nom.

« Stephen... Stephen, où es-tu ?

— Dans le congélateur », dit-il aussi fort qu'il le put.

Olivia regarda le congélateur avec un sourire incrédule.

« Ouvre, voyons ! Je suis dans le congélateur », dit Stephen d'une voix étouffée.

Olivia rejeta la tête en arrière et rit sans même se soucier d'être entendue par Stephen. Elle riait tant en remontant l'escalier de la cave qu'elle en était pliée en deux.

Ce qu'elle trouvait comique, c'était qu'elle avait bien pensé au congélateur pour se débarrasser de lui, mais qu'elle n'avait pas trouvé le moyen de l'y faire entrer. S'il y était maintenant, pensa-t-elle, c'était par un curieux concours de circonstances, peut-être même au moment où il essayait de lui tendre un piège.

C'était cocasse. Et comme ça tombait bien !

Ou peut-être, pensa-t-elle, méfiante, était-ce une ruse pour lui faire ouvrir la porte du congélateur, l'attirer à l'intérieur et l'y enfermer. Elle n'avait nulle intention de se laisser faire.

Olivia prit sa voiture et parcourut vingt miles vers le nord, prit un sandwich dans un café au bord de la route, puis alla au cinéma. Ensuite elle rentra chez elle à minuit ; elle s'aperçut qu'elle n'avait pas le courage d'aller près du congélateur l'appeler, ni même de descendre à la cave.

---

7. **lucky** : luck, *chance. How lucky ! quelle chance !*

8. **cagily** : familier ; vient de **cagy** qui s'écrit aussi : **cagey,** *prudent, malin, rusé.*

9. **to trick her into opening** : to trick, *duper, attraper.* To trick someone into doing, *amener qqn par ruse à faire quelque chose.*

10. **to yank** : amér., *tirer, secouer brusquement.*

11. **to let that happen** : « *de laisser cela se produire* ».

12. **cafe** : *café, restaurant.*

13. **she got home** : un des sens très courants du verbe to get : *arriver ;* to get to the station, get to London, get to bed, to get home (**home** s'utilise comme un adv.).

14. **she had not** : tournure qui devient de plus en plus rare, surtout aux USA. On utilise, **she didn't have.**

15. **to the deep freeze** : *dans la direction de.*

She wasn't sure he'd be[1] dead by now, and even if he were silent, it might mean[2] he was only pretending to be dead or unconscious. But tomorrow, she thought, there wouldn't be any doubt he'd be dead. The very[3] lack of air, for one thing[4], ought to finish him by that time. She went to bed and guaranteed a night's sleep[5] with a light sedative. She would have a strenuous day tomorrow. Her story of the mild quarrel[6] with Stephen (over what restaurant they'd go to, nothing more), and his storming out of[7] the living room, she thought to take a walk, would have to be very convincing.

At 10 the next morning, after orange juice and coffee, Olivia felt ready for her role of the horrified, grief-stricken[8] widow. After all, she assured herself, it would be the second time she had played the part[9]. She decided to face the police in her dressing gown as before.

To be quite natural about the whole thing, she went down in the cellar to make the "discovery" before she called the police. "Stephen ? — Stephen ?" she sang[10] out with confidence[11].

No answer.

She opened the deep freeze with apprehension, gasped at the curled up[12], frost-covered figure[13] on the floor, then walked the few feet toward him — aware that her footprints on the floor might be visible to corroborate her story that she had come in to try to revive Stephen.

---

1. **he'd be** = he would be.
2. **it might mean :** may indique la probabilité ; *il se pourrait que cela signifie* ou *il se pouvait que cela signifie*.
3. **very :** ici adj. employé pour insister. Cf. les expr. **the very day,** *ce jour-là exactement.* **My very own,** *le mien propre.* **The very opposite,** *juste le contraire.*
4. **for one thing :** *tout d'abord.*
5. **a night's sleep :** pour la durée, la distance, on met 's, génitif saxon.
6. **mild quarrel :** mild évoque toujours une idée de douceur ; **mild weather,** *temps doux ;* **mild and gentle person,** *une personne douce, effacée ;* **mild drinks,** *boissons non alcoolisées.*
7. **storming out of :** a storm, *une tempête ;* « *sortant comme une tempête* ».

Elle n'avait pas la certitude qu'il était déjà mort, et même s'il se taisait, c'était peut-être parce qu'il faisait semblant d'être mort ou évanoui. Mais demain, pensa-t-elle, il serait mort ; sans nul doute possible. Ne serait-ce que par asphyxie, tout devrait être terminé d'ici là. Elle se mit au lit et, pour être sûre de bien dormir, prit un petit somnifère. Elle aurait le lendemain une journée éprouvante. Le récit qu'elle ferait se devait d'être très convaincant. Elle avait eu une petite querelle avec Stephen (à propos du choix du restaurant, rien de plus), puis il était sorti du salon comme une bombe et elle avait pensé qu'il allait faire un tour.

Le lendemain matin, à 10 heures, après avoir pris un jus d'orange et un café, Olivia se sentit prête pour le rôle de la veuve horrifiée et éplorée.

Après tout, se dit-elle pour se rassurer, c'était la deuxième fois qu'elle l'interprétait. Comme la première fois, elle décida d'affronter la police en robe de chambre.

Pour réussir à être parfaitement naturelle de bout en bout, elle alla à la cave « découvrir » la chose avant de téléphoner à la police. « Stephen ? Stephen ? » Elle chantait presque, confiante.

Pas de réponse.

Avec appréhension, elle ouvrit le congélateur, eut un sursaut en voyant sur le sol le corps recroquevillé et couvert de givre, fit quelques pas qui la séparaient de lui — tout à fait consciente que ses empreintes de pas sur le sol allaient servir à corroborer son récit : elle était venue pour essayer de ranimer Stephen.

---

8. **grief stricken** : on retrouve ce p.p. un peu litt. de to strike (I struck, struck) dans certaines expr. courantes comme awe-stricken, horror-stricken.

9. **it would be the second time, she had played the part** : △ l'emploi du plus-que-parfait. Si la phrase était au présent, on aurait : it is the second time I have played the part (present perfect).

10. **she sang** : to sing, I sang, sung, *chanter*.

11. **confidence** : △ *confiance*. Cependant ce mot a parfois le sens de *confidence* ; ex. : to make a confidence to someone, *faire une confidence à qqn*.

12. **curled up** : curl, *une boucle* (de cheveux) ; to curl, *enrouler* ; ici, *enroulé sur lui-même*.

13. **figure** : △ *silhouette*.

Ka-bloom[1] went the door, as if someone standing outside had given it a good hard push.

Now Olivia gasped in earnest[2], and her mouth stayed open. She'd flung[3] the door wide. It should have latched. "Hello ! Is anybody out there[4] ? Open this door, please ! At once !"

But she knew there was no one out there. It was just some damnable[5] accident. Maybe an accident that Stephen had arranged[6].

She looked at his face. His eyes were open, and on his white lips was his familiar little smile, triumphant now, and utterly[7] nasty. Olivia did not look at him again. She drew her flimsy[8] dressing gown as closely about her as she could and began to yell :

"Help ! Someone ! — Police !"

She kept it up[9] for what seemed like hours, until she grew hoarse[10] and until she did not really feel very cold any more, only a little sleepy.

---

1. **ka-bloom** : onomatopée.
2. **in earnest** : « *pour de vrai* ».
3. **flung** : to fling, I flung, flung, *lancer, balancer*.
4. **out there** : (US) cf. **out here.**
5. **damnable** : *maudit, odieux.* **Damn** it, *bon Dieu.* **Damned fool,** *satané crétin ;* **damnable,** *sacré, satané.*
satané.
6. **to arrange** : ▲ 1) *mettre en ordre ;* 2) *prendre des dispositions,* **to arrange an appointment ;** 3) *organiser.*
7. **utterly** : *parfaitement, complètement, absolument ;* he was utterly stupid, *il était parfaitement idiot.* **Utterly incapable.**
8. **flimsy** : *léger, peu résistant.* Cf. **flimsy,** *papier pelure.*
9. **she kept it up** : you're doing well, keep it up ! *c'est bien, continuez.*

« Vlan », fit la porte, comme si quelqu'un à l'extérieur l'avait violemment poussée.

Maintenant Olivia eut réellement le souffle coupé et elle resta bouche bée. Elle avait ouvert la porte en grand. Elle aurait dû s'enclencher.

« Oh là ! Il y a quelqu'un ? Ouvrez cette porte, s'il vous plaît. Immédiatement. »

Mais elle savait bien qu'il n'y avait personne. Ce n'était qu'un satané accident. Sans doute même un accident que Stephen avait manigancé.

Elle regarda son visage. Les yeux étaient ouverts et sur les lèvres blanches errait son petit sourire habituel, un sourire de triomphe maintenant, franchement odieux. Elle ne jeta plus les yeux sur lui. Elle ramena autour d'elle sa robe de chambre légère, aussi étroitement qu'elle le put, et se mit à hurler.

« Au secours ! A l'aide ! Police ! »

Elle continua pendant ce qui lui sembla être des heures jusqu'à ce que sa voix soit éraillée et qu'elle n'ait plus froid du tout... simplement un peu sommeil.

---

10. **grew hoarse :** to grow, I grew, grown ; ici to grow a le sens de *devenir ;* to grow old, *devenir vieux ;* to grow bigger, *grandir ;* to grow angry, *se mettre en colère ;* to grow hoarse, *devenir éraillée* (voix).

VOCABULAIRE ANGLAIS-FRANÇAIS

A

a bit, *un peu*, **20**

about, *çà et là*, **16**

about to, *sur le point de*, **158**

absently, *d'un ton (air) absent*, **74**

accursed, *maudit*, **30**

achievement, *réussite*, **22**

acquainted, *être lié... avec (relation, connaissance)*, **104**

across (the street), *de l'autre côté (de la rue)*, **76**

actually, *vraiment*, **80**

to add, *ajouter*, **36**

advertisement, *publicité*, **70**

affair, *aventure sentimentale*, **28**

to afford, *avoir les moyens, pouvoir se permettre*, **60**

again, *de nouveau*, **20**

against, *contre, par rapport à*, **132**

agonized, *interminable*, **84**

to agree, agreed, agreed, *être d'accord, donner son accord*, **20**

to aim, *se diriger vers*, **62**

aimlessly, *sans but*, **32**

alien, *étranger et étrange (avec une idée de rejet)*, **128**

alive, *en vie*, **28**

all in all, *tout considéré*, **16**

almost, *presque*, **84**

aloud, *à haute voix*, **62**

already, *déjà*, **20**

among, *parmi*, **38**

angry, *en colère*, **22**

anguish, *angoisse*, **24**

167

answer, *réponse*, **36**

anyway, *de toute façon*, **18**

appointment, *rendez-vous*, **20**

around, *vers*, **152**

to arouse, *susciter, éveiller (soupçons)*, **150**

to arrange, *organiser, se mettre d'accord*, **110**

to arrange, *ranger*, **126**

asbestos, *amiante*, **84**

to ascertain, *vérifier*, **38**

ashcan, *poubelle*, **72**

askew, *en biais*, **154**

asleep, *endormi*, **44**

asparagus, *asperges*, **150**

to assume, *croire, admettre*, **150**

astonishment, *stupéfaction*, **48**

to astound, *stupéfier, abasourdir*, **146**

at odds, *en mauvais termes*, **22**

at once, *tout de suite, immédiatement*, **38**

a trifle, *légèrement, un peu*, **20**

to attempt to, *essayer de*, **136**

attic, *grenier*, **146**

avail, *utilité*, **16**

available, *disponible*, **50**

to avoid, *éviter*, **32**

to awaken, *réveiller*, **44**

aware, *au courant, conscient*, **24**

awfully, *terriblement, affreusement*, **56**

awkward, *malaisé*, **150**

awkwardly, *maladroitement*, **100**

B

to babble, *murmurer, marmonner*, **108**

bachelor, *célibataire*, **78**

backstage, *coulisses*, **130**

backward(s), *vers l'arrière*, **46**

bail, *caution*, **98**

banister, *rampe*, **138**

barberry, *épine-vinette*, **46**

bare, *nu*, **14**

bared, *dénudé*, **14**

barefoot, *pieds nus*, **34**

barely, *à peine, tout juste*, **124**, **138**

bargain, *marché*, **132**

to bark, *aboyer*, **40**

to bear, bore, borne, *porter, supporter*, **154**

to beckon, *faire un signe*, **42**

to beg, begged, begged, *supplier, mendier*, **28**

to behave, *se comporter*, **40**

behavior (GB : behaviour), *comportement*, **78**

bellied-out, *arrondi, proéminent*, **84**

bench, *banc*, **42**

to bend, *pencher, se pencher*, **30**

to beseech, *supplier*, **18**

beside, *à côté de*, **126**

to betray, *trahir*, **94**

beyond, *au-delà*, **50**

bill, *note (au sens de facture)*, **100**

billboard, *panneau publicitaire*, **134**

birth, *naissance*, **14**

to blackmail, *faire du chantage*, **28**

to blame, *faire des reproches*, **124**

blank, *blanc, vide*, **38**

blanket, *couverture*, **36**

to blink, *cligner (des yeux)*, **124**

blossoming, *en fleur, épanoui*, **30**

blunder, *bévue, gaffe*, **86**

blurred, *estompé, flou*, **60**

to blurt out, *laisser échapper, lâcher (un mot)*, **86**

to bob, *hocher la tête*, **108**

bonfire, *feu de joie*, **16**

booked up, *surchargé, rempli*, **52**

booth, *cabine (téléphonique)*, **114**

to borrow, *emprunter*, **58**

both, *les deux*, **22**

bottom, *fond, bas (d'un vêtement)*, **66**

bow, *proue, avant*, **152**

to brace, *remettre d'une émotion, donner du courage*, **118**

brain, *cerveau*, **112**

to break down, *craquer*, **90**

to break off, *rompre*, **84**

breath, *respiration*, **20**

to breathe, *respirer*, **50**

brief, *dossier*, **18**

(on the) brink, *sur le bord, sur le point de*, **134**

broom, *balai*, **144**

to build (up), built, built, *se construire, s'élaborer*, **32**

building, *immeuble*, **92**

bullet, *balle (de revolver)*, **70**

to bump, *heurter*, **80, 154**

to burn, burnt, burnt (ou burned), *brûler*, **74, 80**

to burst, *éclater, fondre (en larmes)*, **134**

to bury, *enterrer*, **46, 140**

bush, *buisson*, **46**

but (no... but), *si ce n'est*, **82**

by, *vers*, **58**

C

cagily, *avec ruse, méfiance*, **158**

to call ... up, *téléphoner*, **80**

to cancel, *annuler*, **54**

to care, *faire attention, se soucier de*, **158**

career, *carrière*, **22**

carelessly, *négligemment*, **60**

carpet, *tapis*, **126**

carpet-sweeper, *balai mécanique*, **126**

to carry, *porter, transporter*, **28**

cast, *plâtre*, **100**

casually, *d'un air indifférent*, **146**

to catch, caught, caught, *attraper*, **16**

cellar, *cave*, **126**

cement, *ciment*, **140**

chance, *hasard*, **94**

to chance, *se hasarder*, **30**

change, *monnaie*, **68**

chap, *gars, type*, **134**

check, *chèque*, **98**

to check, *vérifier*, **102**

cheek, *joue*, **50**

cheerful, *gai, souriant*, **102**

cheerfully, *gaiement*, **40**

to cherish, *chérir*, **56**

chest (medecine chest), *armoire à pharmacie*, **60**

chest of drawers, *commode*, **34**

chief, *principal*, **22**

to choose, chose, chosen, *choisir*, **52**

chops, *côtelettes*, **82**

chore, *travail, tâche*, **136**

chubby, *joufflu*, **94**

to chuckle, *rire sous cape, se moquer*, **24**

circle, *cercle, cerne*, **138**

to claim, *prétendre, affirmer*, **138**

clattering, *bruyant, retentissant (bruit)*, **138**

cleansing, *nettoyant, purificateur*, **32**

clear of, *loin de,*

to clench (teeth), *serrer (les dents)*, **116**

click, *cliquetis*, **46**

client, *client (prestation de service)*, **58**

to climb, *grimper*, **126**

closet, *placard*, **90**

close to, *près de*, **110**

cloth, *tissu*, **86**

clothes, *vêtements*, **90, 132**

clothesline, *corde à linge*, **124**

clue, *indice, fil directeur*, **24**

to clutch, *agripper,*
saisir, **140**

coat, *poil, fourrure,* **32**

coifed, *coiffé,* **40**

to coil, *enrouler (corde),*
124

to collapse, *s'effondrer,*
28, 92

colleague, *collègue,* **128**

to comb, *coiffer,* **60**

to come off, *ressortir, être*
à son avantage, **130**

to comfort, *consoler,* **78**

comforting, *réconfortant,*
50

to commiserate,
compatir, **140**

company, *société,* **100**

to compel to, *forcer à,*
contraindre, **136, 154**

to conceal, *cacher,* **38**

to concentrate on,
concentrer son intérêt
sur, **82**

confidence, *assurance,*
confiance, **34, 160**

to congratulate, *féliciter,*
150

conspicuous, *frappant,*
facile à remarquer, **68**

to contact, *se mettre en*
rapport avec, **110**

contemptuous,
méprisant, **94**

to convince, *convaincre,*
78, 128, 150, 156

corpse, *cadavre,* **140**

couch, *divan,* **38**

to count... off, *compter,*
effeuiller (un
calendrier), **134**

countless, *innombrable,*
24

courtroom, *salle de*
tribunal, **92**

coverlet, *couvre-lit,* **38**

cowardly, *lâchement,* **30**

crack, *fissure,* **136**

cranks, *maniaques,*
excentriques,

to crash (verbe), *tomber*
avec fracas, **124**

crash (nom), *fracas,* **138**

to crawl, *ramper, se*
traîner, **84, 60**

to creep, crept, crept,
ramper, **66**

crisp, *pimpant, vif,* **34**

to cross, *traverser,* **70**

to crouch, *s'accroupir,* **14**

crowd, *foule,* **66**

cruise, *croisière,* **126**

to crumple, *froisser,*
chiffonner, **76**

crushed, *écrasé,*
effondré, **48**

to cry, *pleurer,* **74**

cufflink, *boutons de*
manchettes, **34**

curb (GB : kerb), *bord*
du trottoir, **90**

curled up, *enroulé sur*
lui-même, **160**

doorway, *seuil d'une porte*, **92**

to doubt something, *douter de quelque chose*, **150**

downstairs, *en bas*, **60**

downtown, *centre ville*, **72**

to doze, *somnoler*, **92**

to drag, *traîner (un objet)*, **154**

to draw, drew, drawn, *tirer (une conclusion)*, **56**

dream, *rêve*, **80**

to dress, *s'habiller*, **42**

dressing-gown, *robe de chambre*, **140**

to drift, *dériver, se déplacer involontairement*, **46, 84**

to drive, drove, driven, *conduire*, **32**

driver, *chauffeur*, **118**

to drone, *bourdonner*, **68**

to drop, *laisser tomber*, **60**

drunk, *ivre*, **146**

due, *attendu, prévu*, **44**

due to, *compte tenu de*, **58**

dummy, *mannequin, figure de cire*, **34**

dungaree, *salopette*, **34**

duty, *devoir*, **94**

to dwell, *habiter*, **20**

to dwell, *s'attarder (pensée)*, **26**

E

edge, *rebord, contour*, **60**

eerie, *surnaturel, qui donne le frisson*, **50**

either, *(à la fin d'une phrase négative) non plus*, **20**

either... or, *soit... soit*, **47**

elevator, *ascenseur*, **140**

to embrace, *étreindre, enlacer*, **148**

empty, *vide*, **60**

to end, *terminer*, **126**

to endure, *supporter*, **58**

to entertain, *distraire, recevoir (des invités)*, **144**

entire, *entier, complet*, **128**

to espy, *apercevoir*, **46**

even, *même*, **14**

evil, *mauvais, maléfique*, **94, 128**

exhausted, *épuisé (de fatigue)*, **28**

exit, *sortie*, **68**

to expect, *s'attendre à, espérer*, **136**

to experiment, *faire une expérience, expérimenter*, **150**

eyebrows, *sourcils*, **82**

F

to face, *faire face à, affronter*, **86, 146**

faint, *faible*, **112**

to faint, *s'évanouir*, **88**

faintly, *faiblement*, **40, 158**

fair, *correct, honnête*, **132**

fairly, *assez*, **72**

to fall, fell, fallen, *tomber*, **14**

to fall for, *se laisser prendre à, tomber dans le panneau*, **80**

fantasy, *illusion, imagination*, **136**

favor (GB : favour), *service*, **98**

fear-stricken, *apeuré*, **86**

to feed, fed, fed, *nourrir*, **60**

feeling, *sentiment*, **30**

to feel like (felt, felt), *avoir envie de*, **32**

feisty, *fier, farouche*, **14**

felt, *feutre*, **42**

fetch, *aller chercher*, **32, 58**

few, fewer, *peu de, moins de*, **16**

to fight, fought, fought, *se battre*, **34, 82**

figure, *forme, silhouette*, **160**

figure, *chiffre*, **98**

to figure out, *se représenter, comprendre*, **94**

final, *radical, définitif* ; **84**

to find out, (found, found), *s'apercevoir*, **28**

fine, *amende*, **102**

finger, *doigt*, **40**

to fire, *tirer (un coup de feu)*, **72**

fireplace, *âtre*, **84**

fit, *accès, crise*, **84**

fitting, *convenable*, **136**

flattened, *aplati*, **74**

flesh, *chair*, **16**

to flick, *donner des petits coups*, **42**

flimsy, *très fin, léger*, **162**

to fling, flung, flung, *jeter*, **74**

floor, *sol*, **156**

fluffy, *ébouriffé*, **14**

to fly, flew, flown, *voler, battre l'air*, **140**

focus (photo), *mise au point*, **46**

foliage, *feuillage*, **42**

to follow, *suivre*, **48**

fondness for, *affection pour*, **14**

food, *nourriture*, **146**

to fool, *berner*, **150**

footprint, *empreinte de pas*, **160**

to forbid, forbade, forbidden, *interdire*

forearm, *avant-bras*, **42**

forepaws, *pattes de devant*, **42**

to foresee, *prévoir*, **44**

to forfeit, *perdre (par confiscation)*, **58**

former, *antérieur*, **54**

to fortify, *fortifier, renforcer*, **118**

forward, *en avant*, **66**

framework, *charpente*, **94**

to free, freed, freed, *libérer*, **78, 150**

friendly, *amical*, **88**

frightening, *terrifiant*, **118**

front, *l'avant, partie visible (d'un objet)*, **154**

frost, *givre*, **156**

to frown, *froncer les sourcils*, **112**

frozen, *congelé*, **150**

to fulfil, *remplir (vie), tenir (promesse)*, **26**

fully, *entièrement*, **152**

fun, *plaisir, amusement*, **128**

funny, *curieux, bizarre*, **110**

fur, *fourrure*, **26**

to fuss (around), *s'agiter*

G

to gain, *gagner, tirer profit de*, **136**

garbage, *ordures*, **60**

gardening, *jardinage*, **132**

garishly, *de façon voyante, criarde*, **50**

to gasp, *haleter, perdre son souffle*, **146, 160**

gate, *portail*, **52**

to gather, *déduire (à partir de plusieurs éléments)*, **52**

gaze, *regard (de contemplation)*, **48**

gift, *cadeau*, **132**

to giggle, *rire en se trémoussant*, **20**

to give up, gave, given, *abandonner*, **26, 128**

to glance, *jeter un coup d'œil rapide*, **46**

glasses, *lunettes*, **124**

glaze, *vernis, brillant (de to glaze, glacer, lustrer)*, **156**

glimpse, *brève apparition*, **16, 76**

gloom, *tristesse, mélancolie*, **136**

gloomy, *sombre, mélancolique*, **142**

to glow, *rougeoyer, être incandescent*, **88**

glowering, *jetant des regards de colère*, **24**

goal, *but*, **60**

to go by, *s'écouler (temps)*, **134, 152**

goods, *marchandises*, **110**

to go on (with), *continuer*, **26**

to grab, *attraper, saisir*, **144**

to grant, *accorder*, **130**

grate, *grille, grillage*, **84**

grateful, *reconnaissant*, **54**

greasy, *graisseux, gras*, **156**

greenish, *verdâtre*, **14**

to greet, *accueillir*, **44**

grief, *douleur*, **160**

to grip, *tenir serré*, **68**

groan, *grognement, gémissement*, **138**

groggy, *abruti*, **102**

to grope, *tâter*, **70** ; *tâtonner*, **154**

ground, *sol*, **16, 112**

ground-floor, *rez-de-chaussée*, **72**

to grow up, grew, grown, *grandir, devenir adulte*, **16**

to guarantee, *garantir*, **160**

to guess, *deviner*, **78**

I guess, *je peux, je crois*, **104**

guest, *invité*, **16, 146**

guest-room, *chambre d'amis*, **130**

guilt, *culpabilité, crime*, **90**

guilty of, *coupable de*, **96**

gun, *revolver (pistolet)*, **66**

H

hairdresser, *coiffeur*, **20**

handle, *poignée*, **150**

to handle, *prendre en main, se charger de quelque chose*, **74**

to hang... on, *s'accrocher à, se cramponner*, **136**

to hang up (hung, hung), *raccrocher*, **56**

hardly, *à peine*, **40**

harm, *mal, préjudice*, **18**

hastily, *hâtivement*, **68**

to hate, *détester*, **66, 126**

to have... along (had, had), *emmener*, **80**

heap, *pile, masse (d'objets)*, **126**

heart, *cœur*, **52**

heavens, *ciel, firmament*, **146**

heels, *talons*, **48**

hellish, *infernal*, **98**

to hide, hid, hidden, *cacher*, **42, 126**

hideous, *hideux*, **94**

hint, *soupçon, nuance*, **142**

to hint, *faire allusion, suggérer,* **120**

to hit, hit, hit, *frapper,* **32**

hoarse, *enroué,* **162**

to hold, held, held, *considérer,* **22**

to hold... upright, *faire tenir debout, soutenir,* **94**

hole, *trou,* **70**

to hope, *espérer,* **38**

hopelessly, *de façon désespérée,* **82**

host, *hôte,* **128**

household, *maisonnée,* **14**

to hover, *planer,* **54**

however, *cependant,* **75**

huffy, *fâché, désagréable,* **44**

hunch, *voûté,* **156**

to hurry, *se presser,* **72**

to hurt, hurt, hurt, *blesser,* **20**

to hush, *se taire,* **40**

I

impedimenta, *impédiments,* **148**

to improve, *améliorer,* **142**

inclined to, *enclin à, prêt à,* **130**

incredible, *incroyable,* **80**

incredulous, *incrédule,* **158**

to indulge in, *s'offrir le plaisir de,* **38** ; *se laisser aller à,* **136**

in earnest, *pour de vrai,* **162**

infatuation, *engouement,* **136**

to infuriate, *remplir de fureur,* **96**

injection, *piqûre,* **52**

innocuous, *inoffensif,* **118**

to inquire, *s'informer,* **100**

insane, *fou,* **88**

inside, *à l'intérieur,* **70**

in spite of, *malgré,* **80**

instead of, *au lieu de,* **38, 74**

insulting, *offensant,* **152**

to intend, *avoir l'intention de,* **24**

intently, *avec grande attention,* **70**

to introduce, *présenter,* **44**

item, *élément (d'un tout),* **146**

J

jacket, *veste,* **60**

jars, *flacons,* **60**

jaw, *mâchoire,* **28**

jealous, *jaloux,* **108**

jigger glass, *petit verre,* **114**

to jinx, *porter malheur,* **144**

job, *travail,* **150**

joke, *plaisanterie,* **50**

to joke, *plaisanter,* **74**

to jostle, *bousculer,* **66**

judge, *juge,* **92**

to jump, *sauter,* **80, 110**

K

kettle, *bouilloire,* **48**

to kill, *tuer,* **54**

kindling, *petit bois, bois d'allumage,* **76**

knee, *genou,* **112**

to kneel, knelt, knelt, *s'agenouiller,* **126**

knitting, *tricot,* **22**

to knock, *frapper,* **40**

to knock... down, *renverser,* **100**

to know, knew, known, *connaître, savoir,* **14**

L

labor-saving device, *appareil ménager,* **134**

lack, *manque,* **160**

ladder, *échelle,* **126**

landing, *palier,* **144**

landlady, *propriétaire,* **72**

lanky, *dégingandé,* **134**

lap, *sein, giron,* **62**

latch, *targette,* **152**

to latch, *fermer (pas à clef),* **162**

laurel, *laurier,* **42**

lawn, *pelouse,* **156**

lawn-mower, *tondeuse,* **124**

lawyer, *avocat,* **100**

to lay, laid, laid, *mettre, poser,* **76**

to lean, *se pencher,* **76, 110**

to lean (back), *s'appuyer (en arrière),* **50**

to leap, *sauter,* **124**

leather, *cuir,* **34**

lest, *de peur que,* **60**

to let... go, *laisser tomber,* **104**

library, *bibliothèque,* **156**

to lick, *lécher,* **86**

to lie, lay, lain, *être étendu,* **50**

lifelong, *d'une vie entière,* **18**

to lift, *soulever,* **42**

lightswitch, *interrupteur,* **144**

limbo, *limbes, état d'incertitude,* **56**

limbs, *membres, branches,* **24**

lipstick, *rouge à lèvres,* **38**

to load, *charger,* **126**

to lock, *fermer à clef,* **52**

179

movie, *film, cinéma,* **76**

muffled, *assourdi,* **158**

murder, *meurtre,* **148**

murderer, *meurtrier,* **110**

muzzle, *museau,* **14, 42**

N

nap, *duvet,* **84**

nasty, *mauvais, odieux,* **162**

nearly, *presque,* **144**

neat, *sec (sans eau, sans glace),* **58**

to need, *avoir besoin de,* **52**

neighbors, (**GB** : *neighbours*), *voisins,* **56, 142**

neither, *aucun (de deux),* **144**

nest, *nid,* **136**

news, *nouvelle(s),* **56**

newspaper, *journal,* **18**

nibble, *miette, bribe,* **144**

nod (nom), *acquiescement,* **108**

to nod (verbe), *acquiescer, hocher la tête,* **100**

none, *aucun,* **142**

nonsense, *absurdité,* **142**

nook, *coin, renfoncement,* **44**

northward, *vers le nord,* **32**

nostrils, *narines,* **66**

to notice, *remarquer,* **24**

numb, *engourdi, insensible,* **54, 112**

nurse, *infirmière,* **50**

O

oat, *avoine,* **134**

obituary, *nécrologique,* **140**

oblivious of, *oublieux de,* **70**

obviously, *visiblement,* **134**

occupation, *profession,* **22**

to occur, *arriver, survenir,* **144**

to occur, *venir (à l'esprit),* **118**

odd, *étrange,* **120**

office, *bureau,* **56**

ominous, *de mauvais augure,* **138**

once, *une fois,* **18, 132**

outcrop, *affleurement,* **14**

outdoors, *dehors, en plein air,* **40**

outfit, *tenue (vestimentaire),* **36**

to outline, *souligner (les contours),* **42**

to outmanœuver, *déjouer les menées de*, **84**

outside, *extérieur*, **152**

outstretched, *tendu*, **154**

outwardly, *extérieurement*, **148**

oven, *four*, **82**

overaged, *périmé*, **60**

overcoat, *pardessus*, **66**

P

pain, *douleur*, **70**

palm, *paume*, **112**

pansy (plur. : pansies), *pensée (fleur)*, **30**

paper (newspaper), *journal*, **18**

parapet, *balustrade*, **144**

parrot, *perroquet*, **112**

to parry, *détourner*, **86**

part, *rôle*, **144**, **160**

to part from, *se séparer de*, **26**

party, *réunion, réception*, **34**

patent, *vernis (cuir)*, **34**

path, *sentier, allée*, **14**, **24**

paunch, *bedaine*, **130**

to pause, *faire une pause*, **78**

to peek, *pointer, émerger*, **42**

peony (plur. : peonies), *pivoine*, **46**

to perform, *accomplir*, **94**

performance, *représentation*, **132**

to persist… in, *continuer… à, persévérer*, **118**

pet, *animal domestique*, **14**

petty, *anodin, insignifiant*, **118**

to pick up, *remonter, reprendre (affaires)*, **144**

pillow, *oreiller*, **102**

to plead, *plaider*, **22**

to plop, *faire plouf, tomber lourdement*, **62**

to plot, *comploter*, **152**

to plunge, *plonger, se jeter*, **138**

to pocket, *mettre en poche*, **112**

to point at, *désigner du doigt*, **48**

to point… out, *souligner, faire remarquer*, **130**

position, *situation*, **26**

positively, *de façon formelle, affirmative*, **102**

to pounce on, *bondir sur*, **14**

to pound, *battre (cœur)*, **124**

to pour, *verser*, **50**

pout, *moue*, **34**

to practice, *s'exercer*, **42**

praise, *éloge, louange*, **58**

to predict, *prédire (prévoir)*, **78**

pregnant, *enceinte*, **26**

present, *actuel*, **18**

preserved, *conservé, naturalisé*, **14**

to pretend, *faire semblant*, **146, 160**

pretense (GB : pretence), *simulacre*, **152**

pretty, *jolie*, **26**

previous, *précédent*, **140**

pride, *orgueil*, **132**

promise, *promesse*, **138**

prone, *enclin à, sujet à*, **136**

proper, *convenable*, **144**

properly, *correctement, comme il faut*, **124**

propped, *appuyé*, **124**

to prop up, *soutenir (à l'aide d'objets)*, **100**

to protrude, *avancer, sortir*, **44**

to prove, *prouver*, **136**

to pry, *épier*, **76**

to pull oneself, *se ressaisir*, **76**

to pull... over, *faire basculer*, **146**

to pull through, *se tirer d'affaire*, **54**

pulse, *pouls*, **52**

pumps, *escarpins*, **34**

purpose, *dessein*, **60, 152**

to put in, *intervenir, glisser un mot*, **110**

to put on, *mettre (vêtement)*, **60**

puzzled, *intrigué*, **102**

Q

to question, *interroger*, **72**

questioning, *interrogateur*, **106**

question mark, *point d'interrogation*, **108**

quite, *tout à fait*, **34, 80**

quite, *assez*, **58**

R

rabbit, *lapin*, **16**

to raise, *ramasser (fonds)*, **98**

to rake, *ratisser, fouiller*, **74**

rather, *plutôt*, **28**

to reach, *atteindre*, **60**

to reach for, *tendre la main vers*, **42**

really, *vraiment*, **22**

rebound, *rebond*, **150**

to recall, *se rappeler*, **14**

receding, *qui recule, fuyant (front)*, **130**

recess, *niche, recoin, alcôve*, **84**

to recite, *réciter*, **112**

to recoil, *reculer*, **16**

to refer, *faire allusion*, **144**

to regain, *récupérer, recouvrer*, **58**

to rehearse, *répéter (une pièce de théâtre)*, **128**

to rejoice, *se réjouir*, **78**

to relax, *se détendre*, **104**

to relieve... of, *délester... de*, **118**

to relish, *apprécier, jouir de*, **32, 48**

to remain, *rester*, **104, 138**

to remark on, *faire une remarque sur*, **28**

to remember, *se souvenir*, **16**

to remind somebody of something, *rappeler quelque chose à quelqu'un*, **38**

to remove, *enlever*, **86**

rental, *location*, **36**

repair, *réparation*, **82**

to reply, *répondre*, **38, 108**

to report... to, *passer... à*, **106**

reproachfully, *exprimant le reproche*, **104**

resentment, *rancune*, **150**

to respond, *réagir (bien) à*, **128**

retirement, *retraite*, **22**

to retort, *répliquer*, **130**

to reveal, *révéler*, **86**

to revive, *ranimer*, **160**

to rid, *débarrasser*, **94**

rid, (to get rid of), *se débarrasser de*, **110**

to ride, rode, ridden, *se déplacer (par un moyen de transport)*, **72**

right, *juste (≠ faux)*, **56**

right (the), *le droit de...*, **134**

right away, *immédiatement*, **56**

right off, *immédiatement*, **78**

rim, *bord, rebord*, **26, 84**

to ring (ou ring up), rang, rung, *téléphoner*, **54**

to rip, *déchirer*, **66**

roar, *grondement, rugissement*, **68**

rose-bush, *buisson de roses*, **24**

rouge, *fard à joue*, **50**

round, *rond*, **22**

rubber, *caoutchouc*, **156**

rugged, *buriné*, **104**

to ruin, *gâcher, abîmer*, **30**

to run... into (ran, run), *tomber sur quelqu'un, rencontrer*, **142**

to shrug, *hausser les épaules*, **106**

sick, *malade*, **80**

sickening, *écœurant*, **44**

side, *côté, aspect*, **114**

sideboard, *buffet*, **60**

sidewalk, *trottoir*, **68**

to sidle, *s'écarter*, **68**

to sigh, *soupirer*, **134**

since, *du fait que*, **32**

single, *seul, unique, simple*, **144**

to sip, *boire à petites gorgées, siroter*, **58**

to sit, sat, sat, *s'asseoir, se tenir habituellement*, **14**

to sit up (sat, sat), *veiller, rester éveillé*, **132**

skilled, *expérimenté, entraîné*, **22**

skirt, *jupe*, **34**

slacks, *pantalon*, **20**

to slam, *claquer* (une porte), **38**

sleeve, *manche*, **86**

slender, *mince*, **104**

to slide, slid, slid, *glisser*, **66, 154** : *se glisser*, **120**

slightly, *légèrement*, **62, 150**

to slip, *glisser*, **156**

slip, *glissement, lapsus*, **90**

slippers (ou house-slippers), *pantoufles*, **18**

to slump, *s'effondrer*, **62**

smack (adverbe), *en plein*, **48**

small, *bas du dos*, **66**

smart, *élégant*, **44**

to smash, *s'écraser*, **140**

smell, *odeur*, **86**

smile, *sourire*, **20**

to smother, *étouffer, éteindre*, **86**

to snap, *prendre un instantané* (photo), **46**

to snoop, *fouiner*, **34**

solicitor, *avoué*, **18**

somehow, *d'une certaine façon*, **80**

sometimes, *quelquefois*, **20**

soothing, *apaisant, calmant*, **60**

sound, *son, bruit*, **38**

sound, *profondément*, **44**

spare room, *chambre d'amis*, **22**

to specialize in, *se spécialiser en*, **82**

specifically, *explicitement*, **106**

speed, *vitesse*, **154**

to spend, spent, spent, *passer* (du temps), **28, 130**

to spin, *tourner, tournoyer* (vertige), **114**

suddenly (adv.), *soudain*, **82**

suet, *lard,* **156**

to suit, *convenir,* **60**

suit, *complet* (vêtement), **92**

suitcase, *valise,* **124**

suntanned, *bronzé,* **142**

supply, *fourniture, provision,* **76**

to surge, *avancer comme une vague, un flot,* **68**

surreptitiously, *subrepticement,* **146**

to suspect, *soupçonner,* **78. 106**

swarthy, *trapu,* **82**

to sway, *vaciller, osciller,* **48**

to swear, *jurer,* **126**

to sweep, *se mouvoir rapidement,* **68**

to swing to, *se refermer* (porte), **152**

T

tablet, *calepin,* **46**

to take away, took, taken, *emporter,* **140**

to take care of, *prendre soin de,* **26. 104**

to take down, *admettre, accepter,* **140**

to take... off, *enlever* (vêtement), **74**

to take... over, *prendre quelqu'un sous sa protection,* **78**

to take to, *se rallier* (à l'idée), **128**

to take up, *adopter* (une idée), **30**

to tally, *concorder,* **92**

target, *cible,* **44**

tear, *larme,* **24. 74**

to tear, *déchirer,* **58. 84**

tense, *tendu,* **16**

terrace, *terrasse, véranda,* **144**

to thaw, *dégeler, décongeler,* **152**

therefore, *donc, par conséquent,* **136**

thin, *mince, fin,* **76**

to think (about, of) thought, thought, *penser,* **14**

though, *bien que,* **34. 38**

thought, *pensée,* **124**

to threaten, *menacer,* **28**

threshold, *seuil,* **42**

throat, *gorge,* **124**

to throw up, *vomir,* **60**

to thrust out of, *écarter, pousser violemment hors de,* **80**

to tidy up, *ranger, mettre de l'ordre,* **124**

to tie, *attacher,* **40**

to understand, understood, understood, *comprendre*, **16**

understanding, *accord*, **132**

undoubtedly, *sans aucun doute*, **78**

unfortunately, *malheureusement*, **24**

unless, *à moins que*, **52**, **120**

upper, *supérieur*, **38**

upset, *bouleversé*, **30**, **90**

upstairs, *en haut*, **22**

up to..., *jusqu'à*, **82**

uptown, *la périphérie* (de la ville), **70**, **72**

usual, *habituel*, **32**

utterly, *complètement*, *entièrement*, **118**, **162**

V

to vacillate, *osciller*, **84**

to vanish, *s'évanouir*, **150**

vet, *vétérinaire*, **36**

to victimize, *se.jouer de quelqu'un*, *duper*, **150**

vulgarian, *personne vulgaire*, **30**

W

to warm oneself, *se réchauffer*, **156**

wasp, *guêpe*, **126**

waste, *perte, gâchis*, **32**

waste paper bin, *poubelle* (corbeille à papier), **72**

to watch, *regarder*, **28**

to watch out, *faire attention, prendre garde*, **144**

way, *façon*, **80**

ways, *les manières, le comportement*, **134**

weak, *faible*, **112**, **138**

to weaken, *faiblir*, **134**

weakly, *faiblement*, **156**

weary, *fatigué*, **100**

weather, *temps* (beau, mauvais), **16**

to (re)weave, wove, woven, *retisser,* ici*, stopper*, **72**

to weigh, *peser*, **124**

weight, *poids*, **132**

wet, *humide*, **74**

to wet, *humidifier*, **112**

wheel, *roue*, **140** ; *volant*, **118**

whereabouts, *endroit où se trouve quelqu'un*, **18**

whimsical, *bizarre, incongru*, **20**

whirr, *bruit de roulement, de vibration*, **46**, **140**

to whisper, *chuchoter, murmurer*, **148**, **152**

whole, *tout entier*, **70**

Imprimé en France par CPI
en avril 2015

POCKET - 12, avenue d'Italie - 75627 Paris Cedex 13

N° d'impression : 2015030
Dépôt légal : avril 2003
Suite du premier tirage : avril 2015
S13273/09